JN214780

まえがき

阪神淡路大震災から二四年が過ぎました。来年の一月には二五年、四半世紀となります。震災の時には本当にいろんなこと、いろんな出会いがありました。当時、「普通一年間に会う人の一〇年分の人に震災後の一年間で会った」と言っていました。

私は震災後、主に被災外国人の支援にあたりました。神戸学生青年センターでは被災留学生・就学生（就学生の在留資格はその後なくなりました）の支援にあたり、地域の多くの市民団体と協力して作った神戸外国人救援ネットでは、一部の外国人に適用されなかった治療費、弔慰金問題等に取り組みました。

震災後一〇年（二〇〇五年）、二〇年（二〇一五年）のときに、この「震災と外国人」をテーマにまとめておこうと考えました。が、なかなかまとまりませんでした。それなりに系統的に書こうと思いましたが、これがいけなかったようです。

このまま時が過ぎてはいけないと思い、今回このような冊子として発行することにしました。文章は当時のままです。臨場感があっていい（？）ともいえますが、その時々に必要に迫られて書いたものなので、内容的な重複も多くあります。

文章はほぼ時系列的に配置しました。学生センターニュースだけは最後にまとめて収録しました。

大震災はもう起こってほしくないですが、本冊子が震災時に苦しい立場に立たされる外国人をみんなで協力して支援するための材料となることを願っています。

二〇一九年七月一日

飛田雄一

地中の怪獣が私の足を！

飛田雄一

その日、私は休みの日ということで午前三時ごろまで起きていた。正月明けに堀内さんから譲ってもらったパソコン通信のモデムで新聞記事の検索などを試みていたのである。

五時四六分の瞬間、私はねぼけていた。夢で登山中だったのだ。富士山の山頂のようなところで火山が爆発し、大騒ぎしている夢を見ていたような気がする。なにしろねぼけていたので、はっきりしたことは分らない。次の瞬間、下半身が地面に引きずりこまれる恐怖感でようやく目を覚ました。数ヵ月前にテレビで見た映画の場面だ。アメリカの西部(?)が舞台で、物の動きに反応して恐ろしい怪獣が地面から長い手(?)を出してきて人間を地中に引きずりこんでしまうのである。おそらく最初の上下の揺れの時に火山の夢を見、次の私の所では南北の大きな揺れで怪獣を連想(?)したのだろう。

大きな本棚が南北に置いてあったからか、私のところに家具が倒れてくるということはなかった。六甲ケーブルの乗場のすぐ近くの鶴甲団地にある我が家は、堅い岩盤の上あったということで灘区では最も被害の少ないところだった。ミキサーなどが落ちたが、奇跡的に金魚鉢が落ちなかった。西宮市で全壊した友人の話を聞くと、風呂の水は溢れ、おまけに栓まで抜けて水は一滴も残らなかったという。風呂に水を溜めておくというマニュアルの何の役にも立たなかったという。

学生センターの責任者の私は、なにはともあれセンターに急いだ。三〇分後ぐらいにはセンターに着いた。隣の住宅の塀は完全に倒れており、屋根瓦は落ちて門柱が傾いている。裏口から中に入ると食器棚が左右から倒れてゴチャゴチャである。それを乗り越えて事務室に入ると、書類が床に散乱している。あわてて宿泊者のリストを見ると泊り客はゼロの日だった。安心してヘナヘナとなりそうだったが、つづいて管理人室に様子を見に行った。中国人留学生の夫婦と一歳、四歳の子供がいるのだ。中に入ると家具はことごとく倒れている。下敷になっているのではと倒れた家具の下をのぞいたりしながら大声を出していたら、表から声がした。パジャマ姿の夫妻がそれぞれ毛布に子供を抱いていた。ガラスが飛び散っているなかを、逃げ出していたのである。

センターのマンションの知りあいの無事を確認し、屋上に出てみると四、五ヶ所で火がでている。でもその時の私は、センター近辺の屋根瓦が落ちている程度の状態で、たまたま何ヶ所かで火事になっている程度だと考えていたのである。実際は、センターからすぐ二〜三〇〇メートル南側では、二階建ての木造住宅はほぼ全壊という状況だったのである。想像力の不足であった。

宿泊客のなかったこと、管理人が無事だったことを確認して私は一旦家に戻り、八時半ごろにまた出勤した。ライフラインは全てとまり、電話も全く通じない。でもセンターの公衆電話は、一〇円で使える方が通じてるらしく付近の人がかけにきている。一〇〇円玉をかなり置いていたが、すぐになくなっていた。職員は鹿嶋さんも含めて誰も出勤できず、私はひとりで事務所番をすることになるのである。ロビー書店も本の山である。むくげの会の部屋も荷物が倒れてドアが開かない。少しずつでも片付け始めなければ仕方がない。

夜、家に戻ると電気が通じており、私もテレビを通して地震の惨状を知ることになるのである。

阪神大震災と外国人
ーオーバーステイ外国人の治療費、弔慰金をめぐってー

飛田雄一

今回の大震災は、多くの人に多大な被害をもたらした。この地域に住む外国人も同じように被害を受けたこ。彼らも等しく被害を受けたものとして、日本人と差別されるようなことがあってはならないのは、当然のことである。

神戸学生青年センターでは留学生・就学生の支援活動を行っているが、一方で「阪神大震災地元NGO救援連絡会議」のメンバーとしても活動している。その救援連絡会議の分科会の一つとして外国人救援ネットがあり、そこが中心となって今回の震災で被害を受けた外国人の救援活動を展開している。そこではオーバーステイの外国人の医療費問題、弔慰金の支払い問題などに取り組んでいる。兵庫県、神戸市あるいは東京での厚生省との交渉なども行っている。

本稿では、これらの活動の過程で問題となっていること、解決されるべき課題について考えてみたいと重う。

クラッシュによる人工透析

今回の震災では重傷患者も多く出ているが、その中にクラッシュ症侯群といわれているのもある。それは長時間、柱などにはさまれたため筋肉に異常をきたし、その部分から毒素が出て腎機能に障害が生じるのである。治療のためには人工透析が必要となるが、それには多くの費用がかかる。後に述べるように健康保険に加入している場合には、今回の震災時においては特別措置が講じられ、一割あるいは三割の本人負担分が免除されるが、保険に加入していない、あるいは加入できない外国人の場合にはその費用の支払いが問題となってくるのである。

外国人も国民健康保険に加入しておくことが望ましいが、費用の問題で加入していない外国人も多い。また、一九九二年四月より厚生省が健康保険加入のための「一年以上の滞在」という条件を厳しく運用することとなったため、加入したくとも加入できない外国人も増えている。例えば六ヵ月のビザを更新して数年間日本で生活している場合でも、向こう一年以上ビザ取得という条件を満たしていないため加入できなくなったのである。その意味では当然であるが、オーバーステイの外国人も加入できない。

そのような状況の中で、例えば次頁の記事のように、神戸市の六甲アイランドの病院から船で和歌山に移送されたペルー人は、人工透析等の治療費約三〇〇万円の支払いができずに誓約書を書

ペルー人男性帰国
震災被災で入院
和歌山

阪神大震災で被災し和歌山市内の病院で治療を受けていたビザ切れのペルー人男性(四〇)が十三日、退院した。男性は健康保険がないため、治療費は全額本人負担。治療費約三百万円の支払いを約束する誓約書を病院に提出し、帰国の途に着いた。

男性はボランティアが用意した飛行機のチケットで母国に向かったという。

男性は昨年七月、観光ビザで入国。阪神大震災で住んでいた神戸市内のアパートが崩れ、被災。和歌山市内の病院に入院し、人工透析などの治療を受けた。

毎日新聞（和歌山）95.3.14

いて帰国している。外国人地震情報センターの調べによると、三月一三日現在の「多額の治療費が発生している外国人被災者」として次の事例が報告されている。

①　ペルー人二名／親子。大阪市と和歌山市に入院。オーバーステイ。保険未加入。医療費各約二〇〇万円（未払い）。

②　韓国人一名／八尾市内の病院を三月二日に退院。オーバーステイ。医療費二〇〇万円。

③　中国人一名／大阪市内で入院後、退院し帰国。オーバーステイ。保険未加入。医療費六五万円（未払い）。その他一名、未払いオーバーステイの中国人（ＮＨＫ調べ）。

④　コスタリカ人一名（アメリカ国籍）／姫路市内に入院。医療費約一〇〇万円（未払い）。滞在資格あり。

このうち①は新聞記事のペルー人のひとりである。オーバーステイの外国人もこのように緊急医療が必要とされる場合に、治療が受けられるようにされなければならない。もし強制送還の問題が生じるとしてもそれは治療とは別の問題となる。健康を回復してから別個に考えればいいことである。

地元ＮＧＯ救援連絡会議では、三月三日、とくにオーバーステイの外国人の治療費を災害救助法によって支払うように、外国人被災者救援連絡協議会とともに兵庫県知事に要請した。また、三月二〇日には後に述べる弔慰金の問題も含めて厚生省に申し入れを行っている。

災害救助法と治療費

大きな災害の時には「災害救助法」（昭和22・10・18法一一八）が適用されることになっている。今回の阪神・淡路大震災では、神戸、阪神、淡路地区などにこの法律が適用されたことはよく知られている。それによって様々な避難所の設置等の施策が行われているのである。

災害救助法の趣旨は、「災害に際して、国が地方公共団体、日本赤十字社その他の団体および国民の協力の下に、応急的に、必要な救助を行い、災害にかかった者の保護と社会の秩序の保全を図ることを目的とする」（第一条）ものだ。そしてその具体的な救助の内容は、同法二三条に次のように書かれている。

一、収容施設（応急仮設住宅を含む）の供与
二、炊出しその他による食品の給与及び飲料水の供給
三、被服、寝具その他生活必需品の給与又は貸与
四、医療及び助産
五、災害にかかった者の救出
六、災害にかかった住居の応急修理
七、生業に必要な資金、器具又は資料の給与又は貸与
八、学用品の給与
九、埋葬
一〇、前各号に規定するものの他、命令で定めるもの

更にこれらの救助の具体的な内容については、「災害救助法による救助の程度、方法及び期間並びに実費弁償について」（昭和40・5・11 厚生省社一六二）で、都道府県知事が定める場合の基準が示されているが、それによると例えば、避難所については七日間にわたって八五〇円の食事が支給されることになっており、行方不明者については三日間の捜索が行われることになっている。

医療については、「診療、薬剤又は治療材料の支給、措置、手術その他の治療及び施術、病院又は診療所への収容、看護」がその対象となっており、費用は、「救護班による場合は、使用した薬剤、治療材料及び破損した医療器具の補修費等の実費とし、病院又は診療所による場合は、国民健康保健の診療報酬の額以内とし、施術者による場合は、協定料金の額以内とすること」と定められている。「国民健康保険の診療報酬の額以内」というのは、保険の対象とならない特別な入れ歯などを除外するというような意味で、それ以上の意味はない。

医療の期間は災害発生の日から一四日以内となっているが、三日間とされている行方不明の捜索も、七日間とされている避難所の開設も現在まで延長されている現状から見ると、当然この一四日間というのも延長されるものであると考えられる。同通知にも「救助の程度、方法及び期間」については、「この基準により難い特別の事情のあるときは、その都度厚生大臣に協議し、特別基準を設定することができる」と定められている。

これらの規定によれば当然、先の事例で示したようなオーバーステイの外国人の治療費も災害救助法によって支払われると考えられるのである。災害救助法によって避難所では一人八五〇円の食料が支給されているわけで、その八五〇円を避難者に請求することはない。同じように医療費についても当の被災者に請求することはないとないと考えられる。もし被災者に治療費を請求するとすればそれは避難所にいる者に一日八五〇円の食事代を請求するのに等しいというのはへ理屈なのだろうか。

兵庫県の回答

三月一四日には、地元NGO救援連絡会議の草地賢一代表に口頭で兵庫県より回答があった。それは次のような内容である。

① 災害救助法の対象者
対象者は、被災地内にあり、現に救助を必要とする者で、国籍や合法、不法の区別なく適用される。従って、不法滞在者も災害救助法の対象となる。

② 災害救助法の対象となる医療の範囲

厚生省の見解によると、災害救助法の対象となる医療は、救護班またはそこを経由した病院・診療所によって行われたものに限定される。（救護班は、県、市、町、日本赤十字が設置する。）

ただ、具体的なケースによって、法の対象となるかどうかが異なってくると思われる。

①と②の関連がよく分らないが、①は兵庫県の見解で、②では厚生省にも気をつかっていることを表しているのだろうか。いずれにしても兵庫県が「不法滞在者も災害救助法の対象となる」と明言していることにこの回答の価値がある。

一方、厚生省は？

三月二〇日には東京の支援グループとともに厚生省に申し入れに行った。ちょうど「地下鉄サリン事件」の日である。私は、前日から新宿に泊っていて、朝九時過ぎに地下鉄丸の内線で参議院議員会館に向った。車内で「爆弾事件のため霞ケ関駅を通過します」というアナウンスがあった。私は、その手前の国会議事堂で降りた。地上にでると消防車、救急車、パトカーがたくさんとまっている。テレビカメラマンに聞くと、毒ガスで死者も出ているとのことだった。一〇時から打ち合せをしたが、地震以来持ち歩いているトランジスターラジオで事件の概要は知ることができた。

一一時半から約一時間、交渉を行った。厚生省側から出席したのは、社会援護局監査指導課生活保護監査官・藤崎誠一、社会援護局課長補佐・佐藤永治、保険局国民健康保険課企画法令係長・朝川知昭、社会援護局保護課救援係長・谷口新吾、社会援護局企画課指導係長・三尾谷和夫、大臣官房政策課・福井芳郎の六名である。われわれは、関西から私を含めて四名、東京から一〇名であった。

厚生省の見解は、災害救助法のよる医療の対象は国籍・在留資格を問わないが、一次応急的な救護班が処理できる範囲に限られるというものであった。その救護班は、三月一七日の当日にすでに岡山の日赤が設置したという（私は、実際に神戸市東灘区に救護班が設置されたのは二〇日のことだと聞いている）。

先に紹介した兵庫県の回答の中にあった厚生省見解＝「救護班またはそこを経由した病院・診療所によって行われたものに限定される」が、更に限定的なものとされている。救護班によるものだけで、そこを経由して病院に入院したら健康保険が適用されることになり、災害救助法とは無関係になるという。冷酷にも今回のケースで健康保険に加入していない外国人の医療費を援助する法律は存在しないと言いきったのだ。われわれが、救護班で治療不可能なので病院に移送されたのであり地震後の治療がすべて救護班で行い得なかったことなどを指摘し、保険に加入できない外国人のクラッシュ患者を放置するのかと聞くと、さすがに返答に窮していたが……。

厚生省によると災害救助法の医療費支給は、あくまで医者の役務提供および薬等の現物支給によるもので、お金の支払いは発生しないとのことだ。今回の震災で一般の被保険者の本人負担分が免除されているが、それは国民健康保険（三割自己負担）が国民健康保険法四三条三項一号および四三条の八第一項の規定により、社会保険（一割自己負担）が「阪神・淡路大震災に対処するための特別の財政援助及び助成に関する法律」二五条によるもので、

神戸の恋歌

日本への留学ビザの入手は簡単ではない。昨年、日本への語学留学を希望した朝鮮日報紙記者に、日本側は一年の留学ビザを発給しなかった。

李仲基さん(二九)も、貧しい生活のなかでようやく日本へのビザを手に入れ、昨年十二月、神戸ＹＭＣＡの専門学校に入学した。二年間交際した朴運玉さん(二三)と結婚式を挙げたばかりだった。彼女には、「すぐ呼び寄せる」と言い残して日本へ。

アルバイトのカネをようやくため、観光ビザで新妻を小さな安アパートに迎えたのは、十四日だった。大阪城を案内し、将来の夢を語りあった。

四季楽帳

三日後の十七日未明、地震で目が覚めた時には二人とも柱の下敷きになっていた。わずかなすき間に体を寄せあい「大丈夫、助けに来る」と励ましあった。しかし、新妻はしだいに力を失っていった。

夫は、韓国でよくやるように小指を切り、流れる血を妻に飲ませたが、呼吸はしだいに弱っていく。人工呼吸もしてみたが、意識は失われていった。

「本当にありがとう。あなたは頑張って生き抜いて下さい」と、かすれる声で告げると、妻は逝った。地震から五時間が経過していた。

二十五時間後に、李さんは救出された。韓国では「神戸の恋歌」と報じられた。　（重村　智計）

毎日新聞　95.1.25

災害救助法によるものではないとのことだ。

今回の交渉における厚生省の態度は、災害救助法の精神を狭く解釈し、実際に起こっている問題に目をそむけている。災害救助法の適用に関しては国から地方自治体への「機関委任事務」となっており厚生省の指導が強いとも考えられる。しかし建前は都道府県知事の判断に委ねられるものとなっている。先の兵庫県の回答の延長線上にオーバーステイの外国人の治療費の問題が解決されるように努力を続けたいと考えている。

弔慰金の支払いをめぐって

もうひとつ今回震災と外国人の問題に関連することに弔慰金問題がある。弔慰金は、「災害弔慰金の支払等に関する法律」によって支払われるもので、世帯主の場合に五〇〇万円、それ以外の場合に二五〇万円となっている。神戸市等ではすでにその受付が始っている。この弔慰金についても国籍、在留資格に拘らず支給される必要がある。現在、オーバーステイの外国人のうち少なくとも次の二名が確認されてるが、ひとりは神戸市東灘区で死亡したペルー人で、短期滞在で来日し地震の前日にビザが切れた人、もうひとりは中国人で、神戸市中央区で死亡している。

また、上の新聞記事のように神戸ＹＭＣＡ学院で日本語を勉強していた韓国人の奥さんが来日中に死亡している。

同法三条には、「市町村は条令の定めるところにより、政令で定める災害により死亡した住民の遺族に対し、災害弔慰金の支給を行うことができる」とある。オーバーステイの外国人にたいしても日本赤十字社関係の義援金（一〇万円）、兵庫県の全壊一〇万円、半壊五万円の援護金および神戸市が支払う見舞金（全壊四万円、半壊二万円）が支払われることになっていることからも、弔慰金についても支払われるものであると思う。

今年二月八日に開かれた参議院予算委員会集中審議において井手厚生大臣は次のように発言している。

「国籍要件はございませんから、永住外国人はもちろん、企業の駐在人や、留学生の皆さんも、一般的に国内に住所を有しているとみられるため、災害弔慰金の対象にはなります。しかしながら、不法滞在外国人につきましては、適法に日本国内に住所を有しているとは認めがたく、またほかの給付との整合性もあります。だいたい、どなたにお支払いしていいのか分らん、ということもありまして、なかなかこの弔慰金の対象にするのは難しいとみられます。各自治体で、義援金等で、何か処置をして頂く以外にないんじゃないかなぁと、こんな風に考えているところが現状でございます。」

厚生省交渉において、この弔慰金問題も取り上げられた。われわれが、オーバーステイの外国人に弔慰金を支払わないという根拠を問うと、「災害弔慰金の支払等に関する法律」の「住民」の問題だという。大臣答弁にでてきているが、オーバーステイおよび旅行者は「住民」ではないから支払われないというのである。

新聞記事で紹介した韓国人の女性やオーバーステイの死亡者の遺族には支払われないという見解だ。厚生省の紋切型の見解は到底容認できないが、実際の支払い窓口である各市町村での交渉に力を移した方が得策であるという感じである。今回の震災では神戸に旅行中に死亡した日本人が何名かいるが、住民でない彼らに弔慰金は支払われないのだろうか。そんなことはないと思う。オーバーステイ等の外国人を切り捨てるためにだけ「住民」論が用いられているとすれば、そんなものが通用するはずがない。

おわりに

阪神大震災と外国人について考えてくると、地震以前に起こったことが地震後にも起こっているという気がする。

私も原告となっているスリランカ人留学生ゴドウィンさんの生活保護をめぐる裁判がちょうど三月二七日に結審を迎えることになったが、根のところに同じ問題が横たわっている。くも膜下出血で緊急入院したゴドウィンさんに対して厚生省が、永住者・定住者以外に生活保護が適用されないのだからと医療費の支払いを拒否したことからゴドウィンさんは始った。最後の砦の生活保護が拒否されている外国人が日本の中に存在していたことが根本問題であったのである。

今回の震災においては、医療費については健康保険加入を理屈として、弔慰金については「住民」であるか否かを理由として排除しようとしている。留学生であったゴドウィンさんの生活保護適用にストップをかけた厚生省も、今回の事態のなかで医療費、弔慰金において留学生にその適用範囲を広げた。震災で被害を受けた外国人にも同情が集まっている状況下で、そこまで切り捨てたのでは世論の反発に耐えられないと判断しているのであろう。

非常時に対処するための法律で国籍、在留資格において最も差別のないはずの災害救助法等をすべての外国人に適用させるべく活動を継続しているが、厚生省の恣意的な「解釈」を行って排除しようとしている。阪神大震災における外国人の取り扱いにおいて日本社会の醜い現実をみせているが、犠牲となられた外国人の死を無駄にしないためにもこの現実を改めさせねばならない。

（一九九五年三月二六日）

続・阪神大震災と外国人
――災害弔意金支払い問題を中心に――

飛田 雄一

阪神大震災から四ヵ月が過ぎた。神戸学生青年センター付近は「震度7」地帯からは北に数百メートルずれているが、倒壊家屋の撤去がすんで更地が目立つようになった。激震地のJR線路沿いでは町の様子が一変し、以前の町並みが想像できないようなところもある。

神戸学生青年センターが震災後行なっていた被災留学生・就学生に対する支援活動も、宿泊していた留学生が四月二四日には新しい寮に引っ越しをして一段落した。三月末まで家が全壊・半壊した留学生・就学生に支給していた生活一時金三万円の支給も、予想を上回る七六七人(二三〇一万円)に達したが、送られてきた募金も予想を上回り、宿泊した留学生・就学生の生活費にも充当できるようになった。この世の中捨てたものではない、というのが感想である。支援下さった方々に感謝したいと思う。

去る五月二七日には、学生センターを含めて今回、留学生・就学生の支援活動に携わった一五団体の合同報告集会「阪神大震災と留学生・就学生ー被災の実態、そして救援のために何ができ、何ができなかったかー」を開催した。各団体がB5一枚の報告書を作成してそれに基づいて発表した後、これからの課題について話し合った。関連する統計等も収録した報告集会の資料集(B4、19枚)ができているので、必要な方は80円切手を8枚(送料共)を飛田までお送り下されば折り返し発送します。

●

前号で私は、「阪神大震災と外国人ーオーバーステイの外国人の治療費・弔意金をめぐってー」を書いた。その後も神戸学生青年センターも参加している阪神大震災地元NGO救援連絡会議外国人救援ネットが、兵庫県、神戸市との交渉を継続している。また去る五月一〇日には、三月二〇日の厚生省との交渉に引き続き、今度は小里地震担当大臣と交渉した。まだ解決の糸口が見出せない状況のもとで外国人救援ネットでは、治療費に関して災害救助法での支払いという原則を主張しつつ一方で、「肩代わり基金」の募金活動を開始しようとしている。震災で傷ついた外国人の中には、高額の治療費ゆえに入院・通院できない外国人がいることが一番の問題であると考えるからである。

本稿では、前号の続編として弔意金の問題を中心に書いてみたいと思う。まず、治療費および弔意金の問題について、小里地震担当大臣に外国人救援ネットが提出した要望書がその要点を整理しているので、最初に引用しておくことにする。

●

一、医療費に関して

今回の震災で多くの人が被災しましたが、そのなかで別紙のように重傷を負って高額の医療費を請求されている外国人の事例があります。私たちは、震災の犠牲者には国籍あるいは在留資格の種類・有無にかかわりなく救済されなければならないと考えています。

災害救助法は、災害時に実施すべき救援活動の中に医療をあげ、災害によって医療機関が機能しないことなどで医療のみちを閉ざされたものに対し、救護班を通して行うとしています。多くの事例は、救護班が設置される前に病院に搬送されているような状況ですが、いずれも救護班を通して医療活動を行ったものに準じ災害救助法に基づいて医療費の支払いをすべきであると考えます。

健康保険加入者に対しては医療費の本人負担分が免除されることになっていますが、保険未加入者についても同じように救済されなければなりません。1年以上のビザ取得が条件となっている国民健康保険に加入できない短期滞在者、超過滞在者等への災害救助法による医療費の支払いを要望します。

二、弔慰金に関して

今回の震災で多くの方が亡くなられましたが、私たちは亡くなられた全ての人の遺族に差別なく弔慰金が支払われなければならないと思います。しかし井手厚生大臣は、超過滞在者への支給は難しいとの答弁を行っています。超過滞在の外国人死亡者は、外国人地震情報センターの調べでは別紙のように少なくとも2名おり、いずれも遺族は日本に居住しています。

厚生省は、災害弔慰金の支給等に関する法律の住民の遺族に支給するという「住民」を狭く解釈し、短期滞在者および超過滞在に弔慰金を支払わないとしています。この解釈によれば、別紙新聞記事のような留学生の夫の訪ねて来て死亡した妻にも弔慰金が支払われないことになります。当時、阪神・淡路地域を訪ねていて死亡した日本人にも弔慰金が支払われないことになるのでしょうか。

私たちは、外国人の在留資格の種類・有無にかかわりなく、震災で亡くなられた方の遺族に弔慰金を支給されるよう要望します。

（※別表および新聞記事は前号にほぼ収録しているので省略。）

●

災害弔意金は、「災害弔意金等の支払いに関する法律」（一九七三年法律第八二号）に基づき支払われるもので、生計維持者の場合は五〇〇万円その他の場合は二五〇万円が支払われる。支払う機関は市町村で、それぞれが条例をつくりそれによって支払いが行なわれる。弔意金の支払いは国の機関委任事務であるが、そのなかでも「団体委任事務」とかいわれているもので、地方自治体の判断が重視される建前になっているようだ。厚生省社会援護局も、「弔意金支給を含め自治体がどのような形で遺族に対して弔意を表するかはあくまでも自治体おのおのの判断」（神戸新聞1月25日）によるとコメントしている。

ところが厚生省は、同法三条の「住民の遺族」に対して支払うという条項を盾に外国人のなかでも短期滞在者、オーバーステイの者には支払わないという立場をとり、その解釈を自治体に押しつけている。誰がその自治体の住民であるかを決めるのは自治体であるはずだが、厚生省が干渉していることになる。厚生省社会局施設課監修の『災害弔意金等関係法令通知集平成三年版』（第一法規）の問答編には、次のものは本法上の「住民」と解せられるかという問いをたてて、出稼ぎ者、住民登録をしていないもの、旅行者、外国人、住所不定者について解説している。

そこには、「住民とは、その市町村の区域内に住所を有するものであり、住所とは各人の『生活の本拠』を指すものであるから、災害弔意金を支給できるかどうかは、生活の本拠があるかどうかで判断されるべきである」とある。そして「必ずしも住民登録をしてある土地と住所が同一でなくてもよい」とし、出稼ぎ者も住民であるとしている。また国籍要件はないとしており、必ずしも外国人登録の住所と合致していなくても支給されることになっている。しかし、旅行者、住所不定者については住民とは解せられないので支給できないとのことだ。

また、この設問の最後に「なお、死亡者が災害地の住民でない場合には、その者の住所地の都道府県および市区町村に対して直ちに連絡されたい」とある。これは、例えば横浜から神戸に旅行で来ていて今回の震災で亡くなられた人は、神戸市の住民でなく横浜市の住民なので横浜市が弔意金を支払うことになるという意味である。住民登録あるいは外国人登録を日本国内のどこかでしている人には、弔意金が支払われることになる。逆に、前回紹介した日本語学校に通う夫に会うために韓国から短期ビザで地震の四日前に来日し、一月一七日に亡くなられた方には支払われないということになる。「住民」であるか否かだけが問題となっているが、横浜からきた人には支払われ、ソウルからきた人には支払われないというのは、明らかに内外人平等の原則を逸脱している。

一九九〇年一一月、約二〇〇年ぶりに噴火した雲仙普賢岳において、その後の火砕流等で四三名の命が奪われたことを記憶されていると思う。私は今回の事態で初めて知ることになったが、その時の弔意金の扱いが、今回の扱いにおおいに関係しているのである。当時亡くなられた方のなかに数名の外国人の地震研究者もいて、基本的には弔意金が支払われたが、短期ビザで来日中のスイス人の研究者だけに弔意金が支給されなかったというのである。

●

神戸では、震災で亡くなられたオーバーステイのペルー人について、救援運動に携わっているカトリック教会の関係者によって弔意金の申請がなされた。彼は、昨年一〇月一八日、九〇日のビザで来日したので、地震の前日一月一六日にビザが切れた。すなわち五時間四六分のオーバーステイである。

オーバーステイの外国人に対する弔意金の支給については、国会答弁の中でも、例えば二月七日の衆議院外務委員会で東祥三議員の質問に「ビザが切れたとような方でも、ケース・バイ・ケースで、そこに生活の本拠があるというふうにみとめられるような場合には当然支給されるというふうに理解しております」（中山和之厚生省社会援護局企画課長）と答えているときもある。また、一方では「入国管理政策との整合性もございますので災害弔意金を支給することは困難と考えています」（2月21日）という、交通違反をしたから弔意金を払わないという「論理」の答弁もあるが、オーバーステイであっても明らかに生活の本拠が神戸にあれば支給されるべきものであろう。

この件に関して神戸市民生局が厚生省に問い合わせたところ、四月二四日に回答がきた。その回答は、オーバーステイを問題とせずに、短期ビザで来日していることから「住民とは言えず」弔意金の支払いはできないというものである。私は、オーバーステイを問題として支払いを拒否してくるのかと考えていたので意外だった。そのペルー人が地震当日にビザ更新の手続きをする予定であったという事情もあるかもしれない。あるいは厚生省が、一月一六日が日本国の勝手な理由による休日（成人の日の振替休日）だったので事務手続きとしてはビザが一日延長されることになる（？）ことを知っていたから、住民でないことを唯一の理由としているのかもしれない。いずれにしても、短期滞在およびオーバーステイ外国人に対する弔意金支払いを巡る問題は今後「住民」問題にしぼられることになる。

小里地震担当大臣も「自治体の判断」が優先されることを何度も強調していたが、厚生省は神戸市等に「有権解釈」を押しつけることなく各自治体が弔意金を独自の判断で支給できるようにしてほしいし、自治体は内外人平等の原則を踏まえて差別のないように全ての犠牲者に弔意金を支給してほしいと思う。

●

先に紹介した『通知集』には、「災害弔意金……に関し、条例で法律と異なる条件を設けることは可能か」という問答もある。その回答は、法律で定められた以上の弔意金を支給を条例で定めてもよく、法律以上の金額分は自治体が独自予算で支給したらいとある。今回のペルー人の弔意金支給に関して、あるいは韓国から短期ビザで来日した韓国人に関して、神戸市は国際都市の名に恥じないように独自の判断で支給を決定していただきたいと考えている。現行の条例で支給ができないというのであれば、新たな弔意金に関する条例を制定してでも平等な支払いを実現してほしいと思う。

地元NGO救援連絡会議外国人救援ネットでは、引き続き被災外国人の救援活動にとりくんでいくが、入院・通院の必要な外国人が、高額な治療費ゆえに重大な事態陥るというようなことが起らないように二〇〇〇万円の「肩代わり基金」の募集を始めることになっている。これに対してもご協力をお願いしたい。

（送金先　郵便振替　01100－2－60701　外国人救援ネット）

（95年5月27日　ひだ　ゆういち）

続々・阪神大震災と外国人

飛田雄一

阪神大震災からはや半年が過ぎた。地元NGO救援連絡会議／外国人救援ネットが取り組んでいる被災外国人の治療費および弔慰金の問題がそれなりに進展を見せている。

まず、六月三〇日の朝日新聞の衛星版（アメリカ地方版？）の「マイオピニオン」に掲載された拙文を以下に再録する。

●

「被災外国人に重い治療費」

一月一七日早朝、震度7の地震が兵庫県南部を襲った。被災地では地震から五ヵ月が経過して復興へむけて動き出しているが、いまだに残されている課題も多い。

五五〇〇名を越える犠牲者の中に約一八〇名の外国人が含まれており、家を失った外国人も多数にのぼる。地震の被災者は等しく救済されなければならないことは当然のことである。それは日本国憲法および日本が批准している国際人権規約、難民条約に定められた内外人平等原則にかなうことである。ところがその原則をくつがえそうとしている状況がある。オーバーステイ等の外国人の治療費および弔慰金の問題がそれである。「阪神大震災地元NGO救援連絡会議外国人救援ネット」では、この問題に取り組んでいる。

今回の震災では、家屋が倒壊して長時間ガレキの間に閉じこめられたことによる挫滅（クラッシュ）症候群が多く発生した。挫滅症候群は腎臓障害を起こさせ、人工透析が必要となる。人工透析には多額の費用がかかるが、その支払いができない外国人が存在している。ペルー人、中国人等の五名で、金額にして約八〇〇万円に達している。

災害救助法は、ある程度以上の災害に適用され、行方不明者捜索（三日間）、避難所設営（七日間）、緊急治療（一四日間）等を行なうとされている。行方不明者捜索、避難所設営が定められた期限を超えて行われていることはよく知られている。私たちは、緊急医療もこの一四日間という期間を越えてなされるものだと考えている。外国人救援ネットでは三月二〇日には厚生省と、五月一〇日には小里地震担当大臣と交渉した。厚生省は、地震直後の救護所での治療は災害救助法による治療であるが、その後の入院治療は一般診療であり保険診療の枠内で行なわれるべきものだという見解である。小里大臣との交渉では何らかの政治決断をする旨の返答もあったが、最終的に厚生省の見解どおりの回答が届いた。保険に加入している場合には、本人負担の一割ないし三割が今回は特別措置で免除されていることを考えると、保険に加入していない外国人の負担は非常に重いものとなる。人工透析の場合など一人あたり二〜三〇〇万円にもなるのである。これには厚生省が、一年以上のビザ取得を国民健康保険の加入条件としているため、一年以内のビザ取得者あるいはオーバーステイの外国人は、保険に加入できないという問題が背景にあるのである。

もうひとつ弔慰金の問題も未解決である。災害弔慰金等の支払いに関する法律により生計維持者には五〇〇万円、それ以外の者には二五〇万円が支払われることになっている。その支払いは日本人に限られていない。しかし厚生省は、「住民の遺族」に支払われるとある条文を、外国人の旅行者やオーバーステイの人には支払われないと解釈している。その解釈に地方自治体が縛られており、現在のところ死亡した四名の外国人に支給の目途はたっていない。（一方で、例えば東京から被災地に旅行中に地震で亡くなられた方には東京都が弔慰金を支払うことになっている。）外国人救援ネットでは、行政との交渉の一方で、今なお治療を必要としていながら高額の治療費支払いができない外国人のために「肩代わり基金」の募金を開始した。NGOが日本政府に代ってとりあえず支払いをするので保険のない外国人も病院で治療を受けてほしいという思いからである。未曾有の地震のなかで不当に差別される外国人が存在することは、世界から援助をうけた地元の市民として許せないことなのである。

●以上の記事ののちに治療費および弔慰金について新たな動きが出てきている。治療費については、兵庫県がその支払いのための検討を始めたことである。七月五日付の神戸新聞によると、災害時の特別措置として被災外国人の未払い治療費を病院に対して支払うことにしたという。その資金は、兵庫県と神戸市が出資をして設立した財団法人阪神・淡路震災復興基金を活用し、支払い先は県内の病院に限定していない。また兵庫県はその支払額を、二〇件程度で三千万円とみている。

兵庫県のこの方法は、外国人救援ネットが主張している災害救助法による治療費の支払いとは異なった方法であるが、実質的な解決という意味で積極的に評価し、その早期の実現を望みたい。

弔慰金については、支払の主体である神戸市が「支払ってはいけない」外国人のケースについて、すでに支払っていることが明かとなった。昨年十二月末に短期ビザで来日した日系ブラジル人母子が今回の震災で亡くなった。短期ビザでの来日なので厚生省や神戸市の解釈では「住民」ではなく、弔慰金支給の対象ではない。ところがこのブラジル人母子は外国人登録の手続きをしていたため神戸市が誤って(?)弔慰金を支給したのである。このブラジル人母子は、前々号で「神戸の恋歌」の新聞記事とともに紹介した韓国人と法的には同じ短期ビザなのである。ブラジル人母子に支払ってこの韓国人に支払わないという理由はなくなったのである。また、先号で紹介したペルー人は弔慰金の申請をして拒否されたが、その理由はオーバーステイではなくて、短期ビザでの来日そのものが拒否の理由だったのである。

神戸市が、国際都市の名に恥じないように、独自の判断で短期ビザおよびオーバーステイの外国人に弔慰金を支払うように望みたい。

●

震災後のオーバーステイ外国人の治療費支払いの問題は、実は震災前の外国人のおかれていた状況がそのまま現れたものともいえる。私が原告団長をつとめるゴドウィン裁判は、緊急入院した外国人が他の方途が見つからないときは生活保護で救われなければならないという主張を裁判で争っている。この問題を裁判で争わなければならないような震災以前の状況が、震災後の治療費の問題を生じさせているのである。生活保護で主張することが困難ななかで、外国人救援ネットは災害救助法による救済を主張しているとも言えるのである。

去る六月一九日にそのゴドウィン裁判の第一審判決がでた。門前払いの判決で原告の我々を失望させたが、憲法、国際人権規約の条項を示して国に外国人医療のための法的措置を求めた点は評価できる。本号では触れられないので、下の記事を参照していただきたい。（判決文等を収録した資料集を作成した。希望者は飛田まで。送料とも三九〇円）　（95年7月22日　ひだ　ゆういち）

毎日 95.6.20

外国人に対する国の医療費負担
何らかの法的措置を
裁判長、問題点を指摘
訴えは却下

神戸地裁判決

外国人就学生の医療費を神戸市が全額負担したことについて、市民が「一時滞在の外国人にも生活保護法を適用し、国も医療費を負担すべきだ」として、国を相手に約百二十万円の支払いを求めていた訴訟の判決が十九日、神戸地裁であった。辻忠雄裁判長は「住民訴訟の対象に該当しない」として却下したが、「緊急治療は生命に対する緊急措置であるから、国籍や在留資格にかかわらず、法的に何らかの措置をとることが望ましい」と述べ、現行法の問題点を指摘した。

判決などによると、神戸市内の日本語学校に通っていたスリランカ人就学生(三〇)が一九九〇年三月、くも膜下出血で手術を受けた。約三週間後に退院したが、治療費など約百六十万円が払えず、友人らが生活保護法に基づく医療扶助を同市灘福祉事務所長に申請。市は、国庫負担分（七五％）は国に請求するつもりで治療費を全額給付した。翌年三月、厚生省から「短期滞在の外国人は生活保護法の適用になじまない」と連絡があり、市は国庫負担の申請を断念した。

しかし、国の責任を明確にするため、財団法人神戸学生青年センター館長の飛田雄一さん(四五)ら住民五人が、「市が全額を負担するのはおかしい。国は不当利得（国庫負担分）を返還すべきだ」として提訴した。

辻裁判長は判決で、「憲法並びに経済的、社会的及び文化的権利に関する国際規約などにかんがみ、健康で文化的な最低限度の生活を営む権利が人の生存に直接関係することを考えると、法律で外国人の生存権に関する何らかの措置を講ずることが望ましい」と述べた。しかし、措置をとるかどうかについては「立法政策にかかわる事柄」として、判断を避けた。

阪神大震災を思う

―地震以前のことが地震以後に起こっている

飛田雄一

阪神大震災は地元の私たちに多くのことを教えてくれた。自然災害の恐ろしさを教えてくれたし、人災ともいわれる被害の広がりは日本社会の弱点を教えてくれた。

私の勤める㈶神戸学生青年センターは激震地の神戸市灘区にあっては被害が少なかった。宿泊施設も持っているので地震後、被災した留学生の避難所として利用され、四月中ごろまでに延べ千三百名程が宿泊した。新しい住居が決まって出ていく留学生がいるときなどには、中国人はぎょうざパーティを韓国人はチゲ（鍋）パーティを開いた。そのパーティには、私たち職員とともに同じくセンターに宿泊していたボランティアやセンター関係者の被災者も招かれ、地震が生んだ国際交流を楽しんだ。

●世の中捨てたもんじゃない

また、センターでは、一月一日から被災留学生のために生活一時金三万円の支給を始めた。出入りする留学生と話をすると、当面のお金が無くて困っていて三万円でも意味があるとのことだった。全壊・半壊の罹災証明書と学生証をもってきた留学生にその場で支給した。当初は募金の集まりより支給のスピードの方が早くてセンターの立て替え額が増えた。しかし徐々に全国から募金が寄せられ、二月一四日からは支給の対象を就学生にも拡大した。日頃から「外国人を在留資格の差異などで差別してはいけない」と主張していた私には、留学生だけに支給することがまことに具合の悪いことだったのである。

はたして何名の留学生・就学生が受け取りに来るのか予想がつかなかったが、最終的に七六七名に二千三百一万円を支給した。被災留学生・就学生の数も予想以上だったが、寄せられた募金額もそれを上回った。「世の中捨

いした。あくまで「立替え払い」である。

すべての被災者が平等に救済されなければならないことは言うまでもないが、そうではない悲しい現状がある。

●問題の根底にあるもの

私は一方で、スリランカ人留学生・ゴドウィンさんの生活保護を求める裁判の原告にもなっている。それはくも膜下出血の高額の治療費を支払うことのできない外国人を救済できるのか否かの裁判だ。阪神大震災以前にすでにこのようなことが裁判で争わなければならない状況こそが問題なのである。

今回老人の犠牲者が多かったのは、地震以前に老人が地域で正当に位置付けられていなかったからだと言われている。ペルー人等のクラッシュ症候群の治療費問題等もしかりである。「地震以前のことが地震以後に起こっている」と言えるのである。

（研究センター嘱託研究員・
㈶神戸学生青年センター館長）

世界人権問題研究センター
『GLOBE』
No.5 1996春

特集◉一年後の神戸——報告

外国人の支援はどう行なわれたか

飛田雄一

ひだ・ゆういち
外国人救援ネット世話人、神戸学生青年センター館長

『月刊自治研』
第38号通巻437号
1996年2月

●はじめに

阪神淡路大震災から一年がたった。被災地では、復興のための働きが続けられているが、被災した外国人もそれぞれに困難な状況のなかで努力している。

今回の震災での六三〇〇名を越える犠牲者の中に約一七〇名の外国人が含まれており、家を失った外国人も多数にのぼる。地震の被災者は等しく救済されなければならないことは当然のことである。それは日本国憲法および日本が批准している国際人権規約、難民条約に定められた内外人平等原則にかなうことである。しかし残念ながら、その原則をくつがえすような状況がある。「阪神大震災地元NGO救援連絡会議外国人救援ネット」は、その許すことができない問題をともに取り組むべく結成されたネットワークである。地震後の二月始めに被災地域で外国人救援に関わっていたいくつかのグループが、それぞれの活動を進める一方で共通の課題に取り組んだのである。

●留学生・就学生の支援活動

私の勤める神戸学生青年センターもその外国人救援ネットのメンバーとして活動している。学生センターは、地震後、主に被災した留学生・就学生の支援活動を行なった。日頃から韓国の留学生を中心に出入りがあったということもあるが、地震の四、五日後にソウルから入った国際電話がその契機となっている。私の会ったことのない関西学院の留学生で、地震後ソウルに帰ったが、大学院の手続きのため早急に日本に行かなくてならない、

しかし、神戸市東灘区の家は全壊で、住むところがない、なんとかならないだろうかという趣旨の電話であった。大混乱の時期であり具体的な展望があるわけではなかったが、とりあえず学生センターまで来れば宿舎もなんとかする、と答えた。当時、電話がほとんどかからない状態ものとで、偶然に通じた国際電話だった。

学生センターは、四六名が泊れるユースホステルのような宿泊施設でもある。「避難所」としては条件がいい。センターに出入りしていたボランティアの留学生とも相談し、センターを留学生のための救援センターにすることにした。①ホームステイ先を募集し斡旋する、②生活一時金を支給する、③限られた人数ではあるが宿舎を提供する。こんなことを考えたのである。またKDDの好意によりセンターの国際電話が無料となったので、祖国に連絡をとるのにも好都合だった。

二月一日から全壊・半壊した留学生に三万円の一時金を支給するした。何名が全壊・半壊しているか予想がつかず、はたして支払いきれるかどうか不安があったがスタートしたのである。結果的には、支給した留学生・就学生は七六七名（二三〇一万円）と予想をはるかに越えたが、集まった募金も予想を越えた。約四三〇〇万円の募金が寄せられたのである。当初予定していなかったセンターに宿泊した留学生・就学生の「宿代」等も回収したうえで約一三〇〇万円のお金が残った。

今回の活動での私の感想は、「日本社会は捨てたものではない」というものだ。地震で困っている外国人を救援したいという日本社会のボランティア精神があったのである。センターとしては、その残ったお金を原資として、九六年度からアジアからの留学生・就学生のための奨学金制度を創設することにし、二月一日から募集が始まっている。

センターには、最大時には、留学生・就学生、ボランティア、一般の避難者をあわせて五〇名ほどいたが、地震のおかげで、まさに民衆レベルの国際交流ができたと感謝している。ライフラインが整わないなかで、私たちセンターの職員は、中国人留学生の主催するギョウザ・パーティや韓国人留学生の主催するキムチチゲ・パーティに何度も招待された。いずれもなかなか、結構な味だった。まさに草の根国際交流そのものだった。

●多額の治療費を払えない外国人の問題

「阪神大震災地元NGO救援連絡会議外国人救援ネット」（代表、神田裕鷹取カトリック教会神父）は、二月始めにそれぞれにベトナム、ボリビア、フィリピン等の救援活動、あるいは大阪で外国人労働者の支援活動、あるいは学生センターのように地震後に留学生・就学生の救援活動に取り組んだ団体が集まって組織された。すでに立ち上がっていた「阪神大震災地元NGO救援連絡会議」

の分科会のひとつとして「外国人救援ネット」が作られたのである。

外国人救援ネットでは共同の課題として主に、①オーバーステイの外国人の高額の治療費支払いの問題、②災害弔慰金を支払われない三名の外国人（オーバーステイのペルー人と中国人、短期ビザの韓国人）の問題に取り組んだ。

治療費支払いの問題というのは、今回の震災で長時間ガレキに埋っていたことから、クラッシュ（挫滅）症候群となり、人工透析をうけた外国人が支払うことができなかった治療費等のことだ。私たちに直接連絡が入っただけで、ペルー人（二名）、韓国人、中国人（各一名）の合計約九〇〇万円に達した。さらに、高額の治療費が払えないために、病院に行きたくてもいけない被災外国人がいるであろうことも危惧された。

災害救助法によると、ある程度以上の災害に同法が適用され、行方不明者捜索（三日間）、避難所設営（七日間）、緊急治療（一四日間）等を行なうとされている。これにより小学校等の避難所が運営され、例えば一日八〇〇円の食事も原物で支給されることになっているのである。この行方不明者捜索、避難所設営が定められた期限を越えて行われていることはよく知られているが、私たちは、緊急医療もこの一四日間という期間を越えてなされるものだと考えている。私たちの考えでは、もし被災外国人から治療費を請求するようなことがあれば、それは小学校等で避難している被災者から一日八〇〇円の弁当代を請求するのに等しい。被災者から弁当代を請求できないように、被災外国人の治療費を請求できないとい

う、私たちにはとても分りやすい論理になるのである。

外国人救援ネットでは三月二〇日に厚生省と、五月一〇日には小里地震担当大臣とこの問題を中心に交渉した。厚生省は、地震直後の救護所での治療は災害救助法による治療であるが、その後の入院治療は一般診療であり保険診療の枠内で行なわれるべきものだという見解を示した。小里大臣との交渉では何らかの政治決断をするようなニュワンスの返答も私たちは聞いたが、最終的に厚生省の見解どおりの回答が、後日大臣より届いた。保険に加入している被災者の場合には、本人負担の一割ないし三割が今回は特別措置で免除されていることを考えると、保険に加入していない外国人の負担は非常に重いものとなる。保険に加入していた被災者の場合は本人負担の一割ないし三割は、免除され一円の支払いもしなくてもいいのに、先のペルー人の治療費は三〇〇万円全額を支払わなくてならないという、〇か一〇〇かという問題が生じたのである。また、この高額治療費の問題には、厚生省が一年以上のビザ取得を国民健康保険の加入条件としているため、一年以内のビザ取得者あるいはオーバーステイの外国人は、保険に加入できないという問題も背景にある。

高額の治療費のために治療を継続できない外国人がいれば更に問題なので、外国人救援ネットでは「治療費肩代わり」のための募金を集めた。お金のために治療を受けられない外国人は、どうぞ病院に行って下さい、費用は私たちが立替えて後に行政に請求します、という趣旨のものだ。

何回も行政当局と折衝をしたが、結局、災害救助法による治療費の支払いは実現しなかった。しかし、兵庫県は震災復興基金の運用益を利用するかたちでの「外国人県民緊急医療費損失特別補助事業」を始めた（申請期間／一〇月二日～一一月三〇日、申請先／兵庫県国際交流課）。私たちの要望どおりではなかったが、実質的な救済ができたという点は評価したいと思っている。

●「災害弔慰金をもらえない外国人がいる」

弔慰金についても、治療費の問題とともに行政当局と粘り強い交渉を続けた。災害弔慰金というのは、生計維持者が亡くなった場合には五〇〇万円、それ以外の場合には二五〇万円が遺族に支払われるというものだ。私たちは、弔慰金に関する法律には国籍条項もなくすべての死亡者に等しく支払われるべきものだと考えている。しかし厚生省は「住民の遺族に支払う」という「住民」を狭い意味に解釈して一部の外国人を排除したのである。短期滞在およびオーバーステイの外国人は住民ではなく、支払いの対象にならないというのだ。

いまだに弔慰金が支払われていない外国人は、三名である。地震前日の一月一六日に在留期間が切れて一日のオーバーステイとなったペルー人、年末に韓国で結婚し地震の四日前に日本で日本語の勉強を続ける夫のもとに短期ビザで新婚旅行にやってきた韓国人、それにオーバーステイの中国人の三名である。厚生省の見解によれば、日本に九〇日以上のビザをもって滞在する外国人が住民であり、短期ビザおよびオーバーステイの外国人は住民ではないというのだ。

神戸市が厚生省の「見解」に縛られて支払いを拒否し続けているため、外国人救援ネットはこの三名の外国人の遺族に、一〇〇万円ずつお支払いすることに決定し、次のような手紙を添えてお渡しした。

＊

外国人救援ネットでは、震災での犠牲者、被災者が国籍・在留資格等の差別なく、平等に救済されることを願って活動を続けて参りました。

行政当局より支払われる弔慰金について、私たちは差別のない平等な支払いを要求してきましたが、在留資格がない、あるいは、短期滞在であるとの理由で支払われないことが明らかとなりました。

私たちは、国際人権規約、難民条約あるいは日本国憲法に定められた内外人平等の原則を踏みにじる行政当局に、大きな怒りを覚えます。行政が、一部の犠牲者を切り捨てるようなことがあっても、私たちは、それを放置することはできません。

そこで私たち外国人救援ネットでは、全国から寄せられた募金の中から、「弔慰金」を贈ることにいたしました。

民衆の連帯のしるしとしてお受け取り下さい。

＊

外国人救援ネットが進めてきた「治療費肩代わり基金」は、多くの方々にご協力をいただき一〇〇〇万円を越える募金が寄せられた。治療費については、国内の治療費が先の「補助事業」で支払われるようになったため、外国人救援ネットとしては帰国後治療を継続しているペルー人二名および中国人のケースについて各一〇万円をお支払いすることにした。そして今回民間弔慰金としてお支払いした三〇〇万円もその「費肩代わり基金」として寄せられたものだ。

●恒常的な外国人救援センターの設立

外国人救援ネットでは、地震以前に神戸市内に外国人救援のための組織がなかったことが、そもそもの問題であったということも話し合われた。それが神戸の私たちの反省点でもある。そして今回の活動を契機に神戸に恒常的な外国人救援組織を作ることに決定し、そのための準備を進めている。

私たちは昨年八月一～二日のホットラインの経験を踏まえて、九月一三日より下記の時間に外国人救援の六ヵ国語でのホットラインを開設した。ここでは特に被災外国人の相談に限定していない。六名の弁護士にも顧問に加わっていただき幅の広い救援活動を行なっているが、この活動を、今年三月末の地元NGO救援連絡会議の解消後の独自の「神戸・外国人救援ネット（仮称）」の活動につなげていくことになる。〔TEL　〇七八－二三二一－一二九〇、中山手カトリック教会内／毎週水曜日（午後二時～八時）、土曜日（午前一一時～午後五時）〕

●「地震以前に起こっていたことが、地震以後にも起こっている」

今回の地震は、私たちに多くのことを教えてくれた。私はそのひとつが「地震以前に起こっていたことが、地震以後にも起こっている」ではないかと考えている。例えば地震以前の老人の置かれていた状況が、老人の被害をより大きなものにしたと言える。神戸市の遅れた老人福祉政策（ケースワーカーの数が全国的にみて少ない等）とともに、地域の中で老人が正当に認識されていなかったことの現れであるとも言えると思う。

外国人の問題にも同じことが言える。地震以前の外国人のおかれていた状況が、より分りやすいかたちで地震以降に現れだということになる。神戸では、私も原告のひとりとなってスリランカ人就学生・ゴドウィンさんの生活保護を求める裁判が争われているが、この裁判は、すでに地震以前から緊急入院した留学生の治療費を保障できないような日本社会であったことを示しているのである。当時くも膜下出血で入院したゴドウィンさんの一六〇万円の治療費は、生活保護により神戸市から支払われたが、後日厚生省がそのうちの負担分（一二〇万円）の支払いを拒否したため住民訴訟が提起されているのである。（現在、大阪高等裁判所で係争中、『月刊自治研』九三年七月号の拙稿参照。）

ゴドウィンさんのケースが、生活保護により救済されていれば、今回の震災での治療費未払いの問題も起こらなかったのである。まさに、地震以前に起こっていたことが地震以後に起こっているのである。

外国人と地域で共に生きることの大切さが指摘されているが、日本社会が開かれた内外人平等の社会であるか否か、私たちは阪神大震災によって試されることになったのである。地域の住民として外国人と共に暮らす、このことが実現されなければならないのは当然だ。そのための努力がまだまだ私たちに求められている。

「市民の手による地震災害時の“社会的弱者”
のための防災・救援対策システム研究」システム検討委員会編集
『いのちを守る安心システム　～阪神・淡路大震災から学ぶ～』
1996年11月30日、たんぽぽの家発行

外国人グループ
－阪神大震災地元NGO救援連絡会議・外国人救援ネットのとりくみ－

飛　田　雄　一

NGO外国人救援ネット副代表
神戸学生青年センター館長

●はじめに

今回の震災での6,300名を越える犠牲者の中に約170名の外国人が含まれており、家を失った外国人も多数にのぼります。地震の被災者は等しく救済されなければならないことは当然のことです。それは日本国憲法および日本が批准している国際人権規約、難民条約に定められた内外人平等原則にかなうことです。しかし残念ながら、その原則をくつがえすような状況がありました。「阪神大震災地元NGO救援連絡会議外国人救援ネット」は、その許すことができない問題をともに取り組むために結成されたネットワーク組織です。地震後の２月始めに被災地域で外国人救援に関わっていたいくつかのグループが、それぞれの活動を進める一方で共通の課題に取り組んだのです。

●多額の治療費を払えない外国人の問題

「阪神大震災地元NGO救援連絡会議外国人救援ネット」（代表、神田裕鷹取カトリック教会神父）は、２月始めにそれぞれにベトナム、ボリビア、フィリピン等の救援活動、あるいは大阪で外国人労働者の支援活動、あるいは学生センターのように地震後に留学生・就学生の救援活動に取り組んだ団体が集まって組織されました。すでに立ち上がっていた「阪神大震災地元NGO救援連絡会議」の分科会のひとつとして「外国人救援ネット」が作られました。

外国人救援ネットでは共同の課題として主に、①オーバーステイの外国人の高額の治療費支払いの問題、②災害弔慰金を支払われない３名の外国

人（オーバーステイのペルー人と中国人、短期ビザの韓国人）の問題に取り組みました。

治療費支払いの問題というのは、今回の震災で長時間ガレキに埋っていたことから、クラッシュ（挫滅）症候群となり、人工透析をうけた外国人が支払うことができなかった治療費等のことです。私たちに直接連絡が入っただけで、ペルー人（２名）、韓国人、中国人（各１名）の合計約900万円に達しました。さらに、高額の治療費が払えないために、病院に行きたくてもいけない被災外国人がいるであろうことも危惧されました。

災害救助法によると、ある程度以上の災害に同法が適用され、行方不明者捜索（３日間）、避難所設営（７日間）、緊急治療（14日間）等を行うとされています。この災害救助法によって小学校等の避難所が運営され、例えば１日800円の食事も現物で支給されることになっているのです。この行方不明者捜索、避難所設営が定められた期限を越えて行われていることはよく知られていますが、私たちは、緊急医療もこの14日間という期間を越えてなされるものだと考えました。私たちの考えでは、もし被災外国人から治療費を請求するようなことがあれば、それは小学校等で避難している被災者から１日800円の弁当代を請求するのに等しいということになります。被災者から弁当代を請求できないように、被災外国人の治療費を請求できないという、私たちにはとても分りやすい論理になるのです。

外国人救援ネットでは３月20日に厚生省と、５月10日には小里地震担当大臣とこの問題を中心に交渉しました。厚生省は、地震直後の救護所での治療は災害救助法による治療だが、その後の入院治療は一般診療であり保険診療の枠内で行われるべきものだという見解を示しました。小里大臣との交渉では何らかの政治決断をするようなニュアンスの返答も私たちは聞きましたが、最終的に厚生省の見解どおりの回答が、後日大臣より届きました。保険に加入している被災者の場合には、本人負担の１割ないし３割が今回は特別措置で免除されていることを考えると、保険に加入していない外国人の負担は非常に重いものとなります。保険に加入していた被災者の場合は本人負担の１割ないし３割は免除され、１円の支払いもしなくてもいいのに、先のペルー人の治療費は300万円全額を支払わなくてはならないという、0か100かという問題が生じたのです。また、この高額治療費の問題には、厚生省が1年以上のビザ取得を国民健康保険の加入条件としているため、1年以内のビザ取得者あるいはオーバーステイの外国人は、保険に加入できないという問題も背景にあります。

高額の治療費のために治療を継続できない外国人がいれば更に問題なので、外国人救援ネットでは「治療費肩代わり」のための募金を集めました。お金のために治療を受けられない外国人は、どうぞ病院に行ってください、費用は私たちが立替えて後で行政に請求します、という趣旨のものです。

治療費の問題をめぐって何回も行政当局と折衝をしましたが、結局、災害救助法による治療費の支払いは実現しませんでした。しかし、兵庫県は震災復興基金の運用益を利用するかたちでの「外国人県民緊急医療費損失特別補助事業」を始めました（申請期間／10月2日～11月30日、申請先／兵庫県国際交流課）。私たちの要望どおりではありませんでしたが、実質的な救済ができたという点は評価したいと思っています。

● 「災害弔慰金をもらえない外国人がいる」

弔慰金についても、治療費の問題とともに行政当局と粘り強い交渉を続けました。災害弔慰金というのは、生計維持者が亡くなった場合には500万円、それ以外の場合には250万円が遺族に支払われるというものです。私たちは、弔慰金に関する法律には国籍条項もなく全ての死亡者に等しく支払われるべきものだと考えています。しかし厚生省は「住民の遺族に支払う」という「住民」を狭い意味に解釈して一部の外国人を排除したのです。短期滞在およびオーバーステイの外国人は住民ではなく、支払いの対象にならないというのです。

今だに弔慰金が支払われていない外国人が、3名います。地震前日の1月16日に在留期間が切れて1日のオーバーステイとなったペルー人、年末に韓国で結婚し地震の4日前に日本で日本語の勉強を続ける夫のもとに短期ビザで新婚旅行にやってきた韓国人、それにオーバーステイの中国人の3名である。厚生省の見解によれば、日本に90日以上のビザをもって滞在する外国人が住民であり、短期ビザおよびオーバーステイの外国人は住民ではないというのです。

神戸市が厚生省の「見解」に縛られて支払いを拒否し続けているので、外国人救援ネットとしてこの3名の外国人の遺族に、100万円ずつお支払いすることに決定しました。そして「私たち外国人救援ネットでは、全国から寄せられた募金の中から、『弔慰金』を贈ることにいたしました。民衆の連帯のしるしとしてお受け取りください。」という手紙を添えてお渡ししました。

外国人救援ネットが進めてきた「治療費肩代わり基金」には、多くの方々にご協力をいただき1,000万円を越える募金が寄せられました。治療費については、国内の治療費が先の「補助事業」で支払われるようになったため、外国人救援ネットとしては帰国後治療を継続しているペルー人2名および中国人のケースについて各10万円をお支払いすることにしました。そして今回民間弔慰金としてお支払いした300万円もその「治療費肩代わり基金」として寄せられたものからお支払いしました。

●地震以前のことが地震以後に起こっている

外国人救援ネットでは、地震以前に神戸市内に外国人救援のための組織がなかったことが、そもそもの問題であったということも話し合われました。それが神戸の私たちの反省点でもあります。そして今回の活動を契機に神戸に恒常的な外国人救援組織を作ることを決定しました。そして96年4月より「NGO外国人救援ネット」と改称して新たな活動を開始しています。

外国人と地域で共に生きることの大切さが指摘されていますが、日本社会が開かれた内外人平等の社会であるか否か、私たちは阪神大震災によって試されることになったのです。

私は一方で、スリランカ人留学生・ゴドウィンさんの生活保護を求める裁判の原告にもなっています。それはくも膜下出血の高額の治療費を支払うことのできない外国人を救済できるのか否かの裁判で、96年7月には大阪高裁で判決がだされます。阪神大震災以前にすでにこのようなことが裁判で争わなければならない状況こそが問題であると言うこともできます。

今回の震災で高齢者の犠牲者が多かったのは、地震以前に高齢者が地域で正当に位置付けられていなかったからだと言われています。ペルー人等のクラッシュ症候群の治療費問題等も同じことが言えます。「地震以前のことが地震以後に起こっている」と言えるでしょう。

地域の住民として外国人と共に暮らす、このことが実現されなければならないのは当然のことです。すでに述べたような、行政側の被災外国人をその在留資格等によって差別する行為は、特に今回の未曾有の震災のなかで許されないものと言えます。「多文化共生」の社会をめざしてともに生きるそのための努力が、民間の側にも、行政の側にも求められているということができるでしょう。

グローバルシチズン・ジャパン
『地球市民』通巻28号
1997年2月28日

環境文化の視点

阪神・淡路大震災から2年 地震以前のことが地震以後に起こってる

被災地のかかえている問題は、「時」が解決するものもあるが、そうでないものの方が多いようだ。

「神戸では地震以前にそもそも外国人の相談センターがなかったことが、地震後の外国人の困難さを増幅させたのではないか」長年、外国人の支援活動を行ってこられた飛田雄一氏にもう一つの視点で阪神・淡路大震災を話していただきました。

「阪神大震災から2年
ー外国人の救援運動にかかわってー」

飛田　雄一（財団法人神戸学生青年センター館長）

阪神大震災から2年がたった。被災地のかかえている問題は、「時」が解決するものもあるがそうでないものの方が多いようだ。地震では多くの人が被災して、それぞれに大変な目にあったが、もちろん、そこに住む外国人も被害をうけた。その被害の中には、「外国人特有の」といえる被害もないわけではない。

留学生・就学生の避難所は

私の勤める（財）神戸学生青年センター（以下学生センターという）は神戸市灘区の阪急六甲より少し北にある。学生センターは地震によって壁の亀裂、風呂配管の破損等があったが、建物そのものは持ちこたえた。「一部損壊」の認定である。

今回の地震では大阪湾岸が下がり、六甲山が10数センチ持ち上がったといわれるが学生センターはその持ち上がった部分の南端ぐらいにあたるようだ。付近の木造の家は傾き、「全壊」の家も多かったが、鉄筋のマンションは残っている。南へ下がったJR六甲道付近とは大変な違いである。学生センターから南へ400メートルほど行けば六甲小学校があるが、そこは95年8月20日の行政による「避難所閉鎖」のとき最大の避難所であったところである。

学生センターは環境、人権、韓国・朝鮮、キリスト教等をテーマにセミナーを開いているが、一方でユースホステルのような宿泊施設も持っている。幸い建物はそのまま使えたので「避難所」としてはもってこいであった。

震災4、5日後のまだ電話の具合が悪かった時に、学生センターが留学生・就学生専用の避難所として利用されることになった。その電話は関西学院の大学院生からのもので、東灘区で被災してソウルに帰ったが大学院の手続きのために戻りたいが家がないということだった。その時私は、関西空港、神戸ポートアイランド経由で学生センターまで来れば何とかするといって電話を切った。

1月24日には、ボランティアとして学生センターに出入りをしていた留学生と相談して、①ホームステイ先を探して斡旋する。②それまで学生センター内に一時避難所をつくる。③募金を集めて1人3万円の生活一時金を支給する。④物資を供給する等の活動を始めることにした。

当時、「日本社会のボランティア精神は捨てたものではない」と思った。ホームステイ先の申し出もかなりあり（距離的な問題で成約率は高くなかったが）、767名に支給した一時金は2300万円も集まった。オートバイ、自転車、冷蔵庫、テレホンカード等々もかなり集まった。学生センター避難所は4月末まで運営され、韓国人、中国人を中心に延べ1280名の留学生・就学生が宿泊して役割を終えた。

治療費が払えない外国人

震災後、学生センターも参加して阪神大震災地元NGO救援連絡会議が生れたが、その分科会として外国人救援ネットができた。それぞれに外国人の救援に関わっていたNGOが共通の課題を解決するために作ったのである。

最初は、日本赤十字との交渉だった。オーバーステイの外国人は義援金の窓口が市（区）役所ではなくて赤十字だったのだが、その赤十字が役所では求めない書類まで要求するのである。役人以上に役人的な赤十字職員との交渉はなんとか成功してオーバーステイの外国人にも義援金が支払われるようになった。

次は、治療費問題だ。ガレキの下に長時間挟まれていたことからクラッシュ（挫滅）症候群が発生したが、その治療方法はお金のかかる人工透析しかないのである。1、2週間で300万円ほどの治療費になるが、保険に加入していない外国人にはそれが100％請求された。こんなケースが我々の知る範囲で4件あったのである。

外国人救援ネットが色々検討してみると、災害救助法には行方不明者の捜索、避難所の設置を3～7日間にわたって国の費用ですることが定められており、治療費も14日間支払われることになっている。捜索や避難所が期間延長されて行われていることから当然治療費も延長されてしかるべきだ、として交渉が始まった。兵庫県、神戸市、あるいは厚生省まで出かけて行って交渉が行われた。

この交渉は、我々の主張した災害救助法による救済は出来なかったが、兵庫県が復興基金の一部をそれに当てる事を決断して、外国人の未払い治療費は帳消しとなった。

「弔慰金」のもらえない外国人

もうひとつ外国人救援ネットにとっての難題は、災害弔慰金問題だった。弔慰金というのは、災害救助法の定める災害による犠牲者の遺族に生計維持者の場合は500万円、それ以外の場合は250万円が支払われるというものだ。人の命に軽重はないので、全ての死亡者に弔慰金が支払われなければならない。しかし、神戸市内で死亡した3名の外国人について弔慰金の支払いが拒否されたのである。

国際都市神戸の名に値しない恥かしいことであるが、「住民の遺族に支払う」という「住民」条項がひっかかったのである。厚生省の解釈によると90日以上日本に住む外国人が住民で、短期滞在（観光ビザ等）及びオーバーステイの外国人は住民ではないので弔慰金は支払われない、というのである。厚生省との交渉の席では、雲仙普賢岳で外国人の地震学者が死亡した時も教授ビザの人には支払われ、短期ビザで急遽来日した人には支払われなかったという話も出てきた。当時社会問題にならなかったのも問題であるが・・・・。

今回の震災では観光ビザで日本に勉強中の夫を訪ねてきた韓国人女性、オーバーステイの中国人とペルー人の3名に対して弔慰金が支給されなかったのである。外国人救援ネットでは「治療費肩代わり募金」の一部からその3名の遺族に、各100万円を「民間弔慰金」としてお渡ししたが、その問題は未解決のまま現在も残されている。

地震後の問題

被災地で今も話題になることの一つは、「地震以前のことが地震以後に起こっている」ということだ。今回の震災では老人の犠牲者が多かったが、それは地震以前の地域における老人の位置づけが十分でなかったからだと言われている。比較的地域的な連帯が強い淡路では、家が全壊した時どの家に○○という老人がいる、あるいは△△の部屋にいると云うことで、救援活動が進められた。一方、神戸市内の住宅地などではどの家にどんな老人がいるのかよく分からず、大声で呼んでみて返事があったら救出するという状態も多かったのである。

外国人の場合も同じことが言える。地震以前の外国人の不安定な状況が地震以後の上記のような問題を生じさせたのである。

国民健康保険は広く普及しているが、3年ほど前から厚生省の「指導」によって1年以内のビザを持つ外国人は国民健康保険に加入出来なくなったのだ。従って6カ月ビザを更新して日本語を勉強している就学生は加入出来ない。またオーバーステイの外国人も加入出来ないと云う状況が続いている。

治療費の問題もしかりである。私は、神戸市内でくも膜下出血に倒れたスリランカ人留学生の生活保護をめぐる住民訴訟の原告もしているが、地震以前の日本社会は多額の治療費の支払いを必要とする留学生も救済出来なかった。震災時に災害救助法を軸に行政と治療費支払い問題の交渉をしたが、生活保護法によって日本に住む全ての人の「最低限度の生活」が保障されていればこんな問題も起こらなかったのである。

逆に、6年前から厚生省が「永住者・定住者以外は生活保護の対象ではない」と言いだして地方自治体がそれを受け入れた。その状況のもとで地震が起きてしまったのでNGO側も災害救助法による救済を要求するしか方法がなかったのである。

共に生きる社会をめざして

神戸では地震以前にそもそも外国人の相談センターがなかったことが、地震後の外国人の困難さを増幅させたのではないかという反省をしている。昨年4月にはその反省の上にたって「NGO外国人救援ネット」を発足させた。現在、専従も置き8カ国語の外国人相談ホットラインを設置している。そこによせられる相談は様々だが、その相談の内容は日本社会がまだまだ外国人にとって住みやすい社会でないことを示している。

震災被災地の我々は、良い意味でその経験を生かして日本人、外国人がともに生きる「共生社会」をめざして努力していきたいと思っている。

飛田　雄一（ひだ　ゆういち）

1950年神戸市生まれ。神戸大学農学部大学院修士過程修了。（財）神戸学生青年センター館長。学生時代より在日朝鮮人の人権擁護運動に関わる。外国人の生存権を実現する会代表、強制連行全国交流会世話人など。主な著書に「日帝下の朝鮮農民運動」「ハンドブック・戦後補償」などがある。

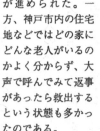

熊野勝之編著
『奪われた居住の権利—阪神大震災と国際人権規約』
1997年4月11日、エピック発行

阪神大震災と外国人

留学生・就学生の被害とオーバーステイ外国人の治療費

飛田雄一

１９５０年生まれ。神戸市灘区在住。(財)神戸学生青年センター館長、ＮＧＯ外国人救援ネット副代表。スリランカ人就学生の生活保護を求めるゴドウィン裁判の原告団長。震災後、救援ネットのメンバーとして被災外国人の治療費、弔慰金を支払われない短期滞在・オーバーステイ外国人の問題等に取り組む。

◆被害を大きくした住環境

今回の大震災は、多くの人に多大な被害をもたらした。この地域に住む外国人も同じように被害を受けた。彼らも等しく被害を受けたものとして、日本人と差別されるようなことがあってはならないのは、当然のことである。

死亡した外国人の数は、１９９５年２月21日の兵庫県警の発表によると、韓国・朝鮮人１０５名（民族団体発表では１４４名）、中国・台湾42名、ブラジル８名、ミャンマー３名、フィリピン、米国各２名、ペルー、スイス、オーストラリア、アルジェリア各１名、計１６６名（同、計２０５名）、他に、住民票および外国人登録が確認できない死亡者が３名となっている。負傷した外国人は、２月６日の厚生省の発表によると、２９９１２名である。

私の勤める神戸学生青年センターでは、留学生・就学生への当面の住居の提供、ホームステイ先の紹介、生活一時金３万円の支給等の支援活動を行ってた。地震の起こった時期は留学生にとって大切な時期で、論文の提出、大

生活一時金(3万円)の支給(2月1日〜3月31日まで)

大学・大学院・短大	381名
日本語学校・その他	386名
計	767名
総金額	2301万円

中国人	630名
韓国人	63名
その他	74名
計	767名

※その他の国は、台湾(26人)、バングラデシュ(13人)、インドネシア(5人)、
以下3人が、オーストラリア、ベトナム、香港、ミャンマー、
2人がマレーシア、ブラジル、フィリピン、ニュージーランド、
1人がポルトガル、ザンビア、エジプト、アメリカ、トルコ、イギリス、
メキシコ、スイス、スリランカ、ネパール。

ホームステイの紹介	
受け入れ希望	138件
実際の受け入れ	15件

センターでの宿泊(1月25日〜4月24日)	
平均	約14名
延べ	1280名

学院の手続、入学試験などのため、特に大学の近くにいる必要があった。幸い学生センターのあたりは激震地の灘区にあっては被害が比較的少ない方で、付近の家が全壊とならなかった。そのため地域住民のための避難所にはなっていなかったので、特に留学生のためだけの宿舎として提供することが可能だったのである。

学生センターでは、2月1日より留学生に、2月14日よりはその範囲を拡大して就学生にも3万円ずつの支給を行った。住居が全壊・半壊した留学生・就学生に3万円ずつ支払ったが、その数は私たちの予想を上回って、767名(2301万円)に達した。1993年末の在留外国人統計によると、兵庫県下の留学生は、1489名、就学生は、1244名だ。その後就学生の数が減少しているので、合計約2500名と考えると、実に3割の留学生・就学生の住居が全壊・半壊したことになる。一般的に今回の震災が、弱者を襲ったといわれているが、賃料の安い文化住宅等に住んでいた留学生・就学生の多くが被災したと考えられる。

震災後当センターに避難してきた中国人留学生は、来日2年目にしてようやく入国管理局から家族の滞在許可がおり、1カ月前に母国から家族を呼び寄せたばかりだった。家賃2万円の文化住宅は全壊、近くの避難所に入ったが来日したばかりの妻子には避

下宿なくし支援を要望

残された留学生

復興へ　第一部　家はどこに

19

神戸国際大学で経済学を専攻する中国人女子学生(二〇)は、三月半ば、神戸・元町の内外学生センター神戸学生相談所を訪れた。

中国から日本にきて五年。ずっと住み続ける中央区のアパートが半壊。避難所や保証人宅などを転々とし、帰ってきたところに立ち退きを求められた。1DKで家賃三万四千円。私費留学生に不可欠なアルバイト先に近く、便利だった。

地震で多くの安い物件は被害を受けた。木造は怖い。通学やアルバイトを思えば中央区に住みたい。マンションに移るには六万円は必要だろうか。友人のいる尼崎に移ろうかと考える。

「住むところが決まらず不安。しばらくはアルバイトもできないので、生活面の支援もほしい」と留学生は訴えた。

関西学院大学理学部の大学院生劉永亮（リョウ・ヨンリャン）さん(三〇)は、宝塚市の文化住宅が全壊、妻と避難所で一カ月半過ごした。二度申し込んだ仮設住宅は落選、定員割れの豊中市の公団住宅に申し込み、三月から移り住んだ。

□　□

約十八万棟の建物を全半壊させた震災は、学生の下宿も奪った。

三月十日、大学や自治体などで構成する兵庫地域留学生交流推進会議の緊急運営委員会が神戸市で開かれている。席上、留学生の被災状況をまとめた資料が配られた。大学、短大など四十四校の留学生千八百九十四人のうち、四百九十六人が居住不可能という数字が示されていた。

震災後、各大学や機関は支援に乗り出している。

神戸国際交流協会は、西区の学園都市にある留学生会館の単身者用の部屋に二段ベッドを置いて二人部屋にし、入居者を募集した。内外学生センターも新聞折り込みで、部屋の提供を呼び掛け、ホームステイなど四百六十室を集めた。

だが、なかなか実を結ばない。応募は定数の半分以下だった。交流協会は「違う国同士の相部屋は、文化や宗教などの問題もあり、現実的でなかった」と受け止め、学生センター所長の藤崎伊左思さんは話す。

「部屋もなかなか近くにはない。大学に遠いことや文化の違いによるトラブルを予想して留学生はホームステイを敬遠しがちだ。友人宅や避難所で過ごす人もいて、留学生の下宿探しはこれからが大変だ」

□　□

日本人学生ら全体の下宿探しについて、神戸大学厚生課長の田北恵怡さんは「マスコミに『部屋がない』と何度も載ったため、在学生は自己防衛し、一段落したのでは」と見ている。

同大学は、大学生協、民間仲介業者のほかOB二万人にも依頼、約四千室を集め、二月下旬からあっ旋をスタートさせたが、訪れる学生はまばら。全国大学生協連合会の建てる仮設寮への応募も低調だからだ。

そんな中、留学生は、自宅がなく、経済的援助に乏しいなど、防衛の手段も限られる。十日の兵庫地域留学生交流推進会議では、各学校から「安い住宅の提供を」「奨学金など経済的な支援が必要だ」など、行政への要望が相次いだ。

復興に向けた県の「ひょうごフェニックス計画案」討議資料には、留学生センターの建設などが挙がる。だが、新たな支援策は新年度予算には計上されていない。「一時帰国中の人もおり、新入生の数もまだはっきりしない。もう少し見極めないと動けない」と、県国際交流課は話した。

緊急に建てられた仮設の学生寮。日本人学生の下宿探しは一段落したというが＝神戸市内

留学生の窮状を伝える神戸新聞 1995 年 3 月 28 日。

兵庫県南部地震による外国人留学生の被災状況

	校数	留学生数	死亡者	負傷者	一時帰国者	居住不可能者
大学	26	1499	10	2	282	308
短大・高専	6	31	0	0	11	2
専修学校	12	364	1	15	75	186
合計	44	1894	11	17	368	496

(1995年3月6日現在)神戸大学留学生課作成

難所生活は厳しく、家族を伴って一時帰国した。学年末を控えてレポートの提出時期もせまっていたため、すぐに単身来日したがすでに避難所は一杯で入る余地がなかった。今後の住宅の確保のめどもなく、一時は留学を放棄しようかとも考えたという。そんな時、友人の紹介でセンターに来館。レポートの執筆を続けながら新しい住宅を探し、約2カ月後にようやく以前の住宅と同程度の家賃の住宅を見付けて妻子を呼び寄せることができた。センターに避難してきた留学生のほとんどが、彼と同様に老朽化した家賃2万円代のアパートや文化住宅に居住していたということであった。

上表の「県内留学生被災状況調査」(神戸大学留学生課作成・95年3月6日現在)によると、1894名のうち496名(26%)の留学生が居住不可能となっている。そして今回の震災で11名の留学生・就学生が亡くなられている。いずれにしても、留学生・就学生の住宅事情が被害を大きくしたといえそうである。

◆住宅倒壊によるクラッシュ症候群

外国人の住宅事情はなにも留学生・就学生にかぎったことではない。更に在留資格が不安定な例えばオーバーステイの外国人のような場合には、さらに住宅事情が悪いことが考えられる。次に述べる治療費未払いの問題は、主にオーバーステイ外国人の問題であるが、不充分な住居ゆえに負傷したオーバーステイ外国人も多かった。

神戸学生青年センターは「阪神大震災地元NGO救援連絡会議」のメンバーとしても活動している。その救援連絡会議の分科会の一つとして外国人救援ネットがあり、ここが中心となって今回の震災で被害を受けた外国人の救援活動を展開している。そこでは主にオーバーステイの外国人の医療費問題、弔慰金の支払い問題などに取り組んでいる。兵庫県、神戸市あるいは東京での厚生省との交渉なども行った。

今回の震災では重傷患者も多く出ているが、その中にクラッシュ症侯群といわれるものがある。筋肉は、柱やものにはさまれるなど長時間強い圧迫を受け続けると異常をきたして毒素を発生させる。そのために腎機能に障害が生じるのだが、治療のためには高額の人工透析が必要となる。後に述べるように健康保険に加入している場合には、今回の震災時においては特別措置が講じられ、1割あるいは3割の本人負担分が免除されるが、保険に加入していない、あるいは加入できない外国人の場合にはその費用の支払いが問題となってくるのである。

外国人も国民健康保険に加入しておくことが望ましいが、費用の問題で加入していない外国人も多い。また、1992年4月より厚生省が健康保険加入のための「1年以上の滞在」という条件を厳しく運用することとなったため、加入したくとも加入できない外国人も増えている。例えば6ヵ月のビザを更新して数年間日本で生活している場合でも、向こう1年以上ビザ取得という条件を満たしていないため加入できなくなったのである。当然ながらオーバーステイの外国人も加入できない。

◆オーバーステイ外国人の救済

そうした状況の中で、新聞は次のような記事を伝えている。

「阪神大震災で被災し和歌山市内の病院で治療を受けていたビザ切れのペルー人男性(40)が13日、退院した。男性は健康保険がないため、治療費は全額本人負担。治療費約300万円の支払いを約束する誓約書を病院に提出し、帰国の途に着いた。男性はボランティアが用意した飛行機のチケットで母国に向かったという。男性は昨年

7月、観光ビザで入国。阪神大震災で住んでいた神戸市内のアパートが崩れ、被災。和歌山市内の病院に入院し、人工透析などの治療を受けた」(毎日新聞和歌山版1995年3月14日) 160

外国人地震情報センターの調べによると、1995年3月13日現在の「多額の治療費が発生している外国人被災者」として次の事例が報告されている。

①ペルー人2名/親子。大阪市と和歌山市に入院。オーバーステイ。保険未加入。医療費各約200万円(未払い)。

②韓国人1名/八尾市内の病院を3月2日に退院。オーバーステイ。医療費200万円。

③中国人1名/大阪市内で入院後、退院し帰国。オーバーステイ。保険未加入。医療費65万円(未払い)。その他1名、未払いオーバーステイの中国人(NHK調べ)。

④コスタリカ人1名(アメリカ国籍)/姫路市内に入院。医療費約100万円(未払い)。滞在資格あり。

①の報告にあるペルー人のうちの1人は、新聞記事で報じられていた男性である。

オーバーステイの外国人もこのように緊急医療が必要とされる場合に、治療が受けられるようにされなければならない。もし強制送還の問題が生じるとしても、それは治療とは別の問題となる。健康を回復してから別個に考えればいいことである。

◆災害救助法による治療費支給を求める

地元NGO救援連絡会議では、震災後の1995年3月3日、とくにオーバーステイの外国人の治療費を災害救助法によって支払うように、外国人被災者救援連絡協議会とともに兵庫県知事に要請した。また、3月20日に

災害救助法〔救助の範囲〕
第23条　救助の種類は以下の通りとする。
1、収容施設(応急仮設住宅を含む)の供与
2、炊出しその他による食品の給与及び飲料水の供給
3、被服、寝具その他生活必需品の給与又は貸与
4、医療及び助産
5、災害にかかった者の救出
6、災害にかかった住居の応急修理
7、生業に必要な資金、器具又は資料の給与又は貸与
8、学用品の給与
9、埋葬
10、前各号に規定するものの他、命令で定めるもの

は後に述べる弔慰金の問題も含めて厚生省に申し入れを行っている。

大きな災害の時には「災害救助法」(1947・10・18法118)が適用されることになっている。今回の阪神・淡路大震災では、神戸、阪神、淡路地区などにこの法律が適用されたことはよく知られている。それによって様々な避難所の設置等の施策が行われているのである。

災害救助法の趣旨は、「災害に際して、国が地方公共団体、日本赤十字社その他の団体および国民の協力の下に、応急的に、必要な救助を行い、災害にかかった者の保護と社会の秩序の保全を図ることを目的とする」(第1条)ものだ。そしてその具体的な救助の内容は、同法23条に上表のように書かれている。

更にこれらの救助の具体的な内容については、「災害救助法による救助の程度、方法及び期間並びに実費弁償について」(1965・5・11厚生省社一六二)で、都道府県知事が定める場合の基準が示されているが、それによると例えば、避難所については7日間にわたって850円の食事が支給されることになっており、行方不明者については3日間の捜索が行われることになっている。

医療については、「診療、薬剤又は治療材料の支給、措置、手術その他の治療及び施術、病院又は診療所への収容、看護」がその対象となって

おり、費用は、「救護班による場合は、使用した薬剤、治療材料及び破損した医療器具の補修費等の実費とし、病院又は診療所による場合は、国民健康保健の診療報酬の額以内とし、施術者による場合は、協定料金の額以内とすること」と定められている。

「国民健康保険の診療報酬の額以内」というのは、保険の対象とならない特別な入れ歯などを除外するというような意味で、それ以上の意味はない。

医療の期間は災害発生の日から14日以内となっているが、3日間とされている行方不明の捜索も、7日間とされている避難所の開設も現在まで延長されている現状から見ると、当然この14日間というのも延長されるものであると考えられる。同通知にも「救助の程度、方法及び期間」については、「この基準により難い特別の事情のあるときは、その都度厚生大臣に協議し、特別基準を設定することができる」と定められている。

これらの規定によれば当然、先の事例で示したようなオーバーステイの外国人の治療費も災害救助法によって支払われると考えられるのである。災害救助法によって避難所では一人850円の食料が支給されているわけで、その850円を避難者に請求することはない。同じように医療費についても当の被災者に請求することはないと考えられる。もし被災者に治療費を請求するとすればそれは避難所にいる者に一日850円の食事代を請求するのに等しいというのはへ理屈なのだろうか。

◆「一時応急治療以外は対象とせず」

3月14日には、地元NGO救援連絡会議の草地賢一代表に口頭で兵庫県より回答があった。それは次のような内容である。

①災害救助法の対象者

対象者は、被災地内にあり、現に救助を必要とする者で、国籍や合法、不法の区別なく適用される。従って、不法滞在者も災害救助法の対象となる。

②災害救助法の対象となる医療の範囲

厚生省の見解によると、災害救助法の対象となる医療は、救護班またはそこを経由した病院・診療所によって行われたものに限定される。（救護班は、県、市、町、日本赤十字が設置する）

ただ、具体的なケースによって、法の対象となるかどうかが異なってくると思われる。

①と②の関連がよく分らないが、①は兵庫県の見解で、②では厚生省にも気をつかっていることを表しているのだろうか。いずれにしても兵庫県が「不法滞在者も災害救助法の対象となる」と明言していることにこの回答の価値がある。

1995年3月20日、「サリン事件」の起こったその当日に、東京の支援グループとともに厚生省に申し入れに行った。厚生省側の出席者は、社会援護局監査指導課生活保護監査官・藤崎誠一氏ほか5名。われわれは、関西から私を含めて4名、東京から10名であった。

約1時間に及ぶ交渉から確認できた厚生省の見解は、災害救助法による医療の対象は国籍・在留資格を問わないが、一次応急的な救護班が処理できる範囲に限られるというものであった。その救護班は、3月17日の当日にすでに岡山の日赤が設置したという(私は、実際に神戸市東灘区に救護班が設置されたのは20日のことだと聞いている)。

先に紹介した兵庫県の回答の中にあった厚生省見解＝「救護班またはそこを経由した病院・診療所によって行われたものに限定される」が、更に限定的なものとされている。救護班によるものだけで、そこを経由して病院に入院したら健康保険が適用されることになり、災害救助法とは無関係になるという。冷酷にも今回のケースで健康保険に加入していない外国人の医療費を援助する法律は存在しないと言いきったのだ。われわれが、救護班で治療不可能なので病院に移送されたのであり地震後の治療がすべて救護班で行い得なかったことなどを指摘し、保険に加入できない外国人のクラッシュ患者を放置するのかと聞くと、さすがに返答に窮していたが……。

厚生省によると災害救助法の医療費支給は、あくまで医者の役務提供および薬等の現物支給によるもので、お金の支払いは発生しないとのことだ。今回の震災で一般の被保険者の本人負担分が免除されているが、それは国民健康保険(3割自己負担)が国民健康保険法43条3項1号および43条の8第1項の規定により、社会保険(1割自己負担)が「阪神・淡路大震災に対処するための特別の財政援助及び助成に関する法律」25条によるもので、災害救助法によるものではないとのことだ。

何回も行政当局と折衝をしたが、結局、災害救助法による治療費の支払いは実現しなかった。しかし、兵庫県は震災復興基金の運用益を利用するかたちでの「外国人県民緊急医療費損失特別補助事業」を始めた。私たちの要望どおりではなかったが、実質的な救済ができたという点は評価したいと思っている。

◆国籍・在留資格の壁

阪神大震災と外国人について考えてくると、地震以前に起こったことが地震後にも起こっているという気がする。私も原告となっているスリランカ人留学生ゴドウィンさんの生活保護をめぐる裁判も、根のところに同じ問題が横たわっている。くも膜下出血で緊急入院したゴドウィンさんに対して厚生省が、永住者・定住者以外に生活保護が適用されないのだからと医療費の支払いを拒否したことからゴドウィンさんの裁判は始まった。最後の砦の生活保護が拒否されている外国人が日本の中に存在していたことが根本問題であったのである。

164

今回の震災においては、医療費については健康保険加入を理由として、弔慰金については「住民」であるか否かを理由として排除しようとしている。留学生であったゴドウィンさんの生活保護適用にストップをかけた厚生省も、今回の事態のなかで医療費、弔慰金において留学生にその適用範囲を広げた。震災で被害を受けた外国人にも同情が集まっている状況下で、そこまで切り捨てたのでは世論の反発に耐えられないと判断したのであろう。

外国人は、この被災地に生活していたという点で等しく被災者であった。しかし、外国人特有の困難を抱えていたことも事実である。震災はこのことを明らかにしたが、同じ住民として共に暮らす「共生社会」実現のために、私たちは更に努力する必要がある。

（※『季刊三千里』22号、1995年夏号に掲載した「阪神大震災と滞日外国人」の一部を加筆訂正したものです）

国立民族学博物館
『季刊民俗学』第29巻第1号　通巻111号
2005春（2005.1.20）

再見 細見 3
世界情勢
阪神淡路大震災から10年をへて
震災と[illegible]から、多文化共生社会を展望する

飛田雄一《ひだゆういち》
財団法人神戸学生青少年センター館長

地震直後のJR六甲道駅。1階部分が押しつぶされている。1995年4月1日にやっと開通した。保田茂氏撮影

一九九五年の阪神淡路大震災から一〇年が過ぎた。一〇年を契機に震災を検証する作業が各方面ですすめられているおり、「震災と外国人」というテーマも、今後のあるべき多文化共生社会を展望するために大切なテーマである。

当時、わたしは神戸市灘区に住んでいた。六甲山麓《さんろく》の団地で、生まれてはじめて、大地震にあい、直下で地震が起きたと実感したのである。砂漠《さばく》の下から足の長い怪物があらわれて人を砂中に引きずりこむという、数日前にみたテレビ映画の場面に、わたしが夢のなかで登場し、引っ張りこまれて頭まで埋まってしまうという、まさにその瞬間に目が醒めたのである。しかし、自宅周辺では壊れた家は、一見ないようだった。職場の神戸学生青年センターは自宅からわずか二キロほど南に行ったところにあるが、近辺の家は傾き、ブロック塀も倒れている。事務所のなかは、あらゆるものが散乱し、ドアの開かない部屋もある。壁の一部にはひびもはいっている。想像を絶する惨状を目の当たりにして、人間の想像力はひじょうに限られたもので、みずから体験した範囲を越えることがあまりできないものだと思った。このような状況に接し、震源地は自宅の団地周辺ではなく、このあたりだと考えたのだ。しかし、実はこのセンターの周囲も地震の被害は比較的にはすくないほうで、夕方になってようやくたずねた、さらに二キロほど南では、JRの駅の架橋《かきょう》も壊れ、高架もすぐ目の前の高さにまで沈んできていたのである。

もともと、「地震がない町・神戸」と安心して暮らしていたが、後日の地震学者の解説ではその「地震がない」こと自体が、エネルギーを蓄えていることをしめしており、危険な状態であったのだ。彼らはすでにこのことを警告していたのだろうが、神戸地域で一般的な認識となってい

たものではもちろんなかった。また、ここで地震学者をどうこういうのも筋違いの話である。

センター避難所の開設

震災後二、三日したら、日ごろからセンターに出入りしていた韓国人留学生が避難してきた。彼のアパートは全壊ではないが、住めない状態だという。センターは四六名定員の宿泊施設を経営しているが、被害はすくなく、使用に問題はない。そこで、話し合い、彼ら被災留学生のための避難所にしようということになった。あわせて募金をつのり生活一時金(全壊半壊の留学生に三万円)を支給すること、あたらしい住居を斡旋《あっせん》すること、物資を支給することなどを決めた。電気は三、四日で復旧したが、水道が一八日目、ガスが四六日目と復旧がおくれた。そのような不便な状況であったが、センターが、おもに中国人、韓国人留学生およびその家族のための避難所になったのである。おおいときにはボランティア、地域の被災者も含めて六〇名ぐらいが共同生活をする空間となった。

1995年5月26日、支援活動に関わった15団体によって開かれた報告集会。「阪神大震災と留学生・就学生−被害の実態、そして救援のために、なにができ、なにができなかったか」於／神戸学生青年センター

困難な住居確保

避難してきた韓国人留学生のなかには、長田区のアパートで被災し、一階に住む友人の中国人留学生が死亡したという女性もいた。彼女自身は元気そうにみえていたので、あるとき、被災留学生の住居斡旋活動のお手伝いをしてもらうことになった。交通が遮断されていた当時、センターに避難している留学生にとって、近隣に住居を確保することが必要であった。テレビ局とともに出かけ、彼女が近くのボランティア家族であたらしい生活をスタートさせるという映像を放映し、このようなボランティア家族を募集していることをアピールする番組としたのである。しかし二、三日して彼女はセンターに戻ってきた。うけ入れ家族はとても理解のあるいい人たちで不満もないのだが、センターで、ほかの留学生たちといっしょに暮らしたいというのである。まだ、友人が亡くなったショックが癒えていなかったのであり、このようなときにこそ母国語で話をし、祖国に電話をする(センターではKDDの援助で無料国際電話可)などのことが必要だったのである。後日、カウンセラーにうかがったところ、被災して心に傷を負ったときには同胞と母国語でコミュニケーションすることこそがカウンセリングになるという。

関西に同国人が一名しかいないという留学生が震災直後に東京の友達をたずねて神戸を離れたという話も聞いたし、すぐ国に帰るので自分が使っていたアパートの家具を必要な留学生にわけてほしいというカナダ人留学生からの申し出をうけたこともある。その点、比較的多くの留学生のいる中国人や韓国人は、お互いに交流し、助け合うことで避難生活を乗り切ることができたようだ。

生活一時金の募金活動は順調に進んだが、住居斡旋の活動は、被災地に適当な住居がすくなかったことや先の韓国人留学生のような問題もあり、順調には進まなかった。もう二度と震災にはあいたくないが、おなじような災害が起こったとしたら、わたしは経験的に、「短期間(たとえば一ヵ月)無料、その後、おなじ部屋に低家賃で生活可」というボランティア家庭を募集したらいいと思う。避難生活をしている留学生にとって、何度も引越しをするのは大変だし、いずれは長期的な住居をみつけなければならないからである。

地域とのかかわり

もうひとり、中国人留学生・洪景鵬《こうけいほう》さん(一九六三年ハルビン生まれ)の話を最近、あらためて聞いたので紹介しようと思う。当時、洪さんは神戸大学博士課程で地質学を研究していた。当時センターに避難していた留学生で現在も日本にのこっている人はほんとうにすくなくなったが、洪さんはそのひとりである。地震の四日前に来日した夫人と木造三階建一間に暮らしていて、そこが全壊した。中国語を地域の人に教えていたことが幸いし、たずねてきてくれた友人から避難先の公園を教えられて、当日の朝からそこに避難した。夕方ひとりで神戸大学に行くと構内の避難所には電気(自家発電)がつい

再見細見 ③ 世界情勢

阪神淡路大震災から10年をへて

震災と外国人の関わりから、多文化共生社会を展望する

ており、避難者も公園よりすくないようだった。とくに電気がついているのが嬉しくて、公園の中国語仲間数人と大学に移動した。一〇日ほどそこで暮らし、その後留学生仲間からセンター避難所の話を聞いて夫人とともに移ってきた。夫人はまったく日本語がわからず、センターに来るまでは「中国に帰ろう」を繰り返していたという。

地質学専攻の洪さんは被災した学者としての使命感もあり、バイクで被災地をくまなくまわり亀裂の測定、電柱の傾き方の調査などをおこなった。その成果として隠れた断層を推理するという論文をまとめた。彼のことは当時新聞でも取り上げられたが、センターで夫人が中国人とともに暮らせるようになってはじめて調査にでかけることが可能になったという。また洪さんにはセンターで活動していた日本人ボランティアとの餃子《ぎょうざ》交流なども避難生活のなかでのよい思い出として残っているという。

しかし留学生のなかには日本人の友人がいなくて情報がはいらず、西宮まで徒歩で行き、その後電車を乗り継いで関空までたどり着き、北京に逃げ帰ってしまった人もいるという。その人は地震では怪我をしなかったのに、長い距離を歩いたため足を痛めて、その後二ヵ月入院生活をしたとのことだ。洪さん自身が、避難所情報がはいらずに壊れたアパートで生活していた友人の留学生を避難所に連れて行ったこともあった。義捐金等がうけ取れず、しかも、震災でアルバイト収入がなくなれば生活もできなくなると考えて、やむなく帰国した留学生もいたという。

洪さんは四月末までセンターで生活し、その後民間企業が開放してくれた社宅で一年半ほど暮らした。現在は専門を生かした地質関係の仕事をしながら市営住宅に暮らしている。いま震災を振り返って、震災前に中国語教室をとおして近所に日本人の友人がいたことが大きな助けになったと語っている。その仲間がおにぎりをもって地震直後にたずねてきてくれたときには涙がでたそうだ。

「外国人に限らないことだろうが、日ごろからどこにいるかわからなければ助けようもない。地域のコミュニティの一員として位置づけられて生活していることが大切だとつくづく思いました」という。一方、留学生に対しては「地震のためだけではないが、早く日本人の友人をつくっておなじコミュニティのメンバーとして交流することが大切だ」とも語っている。

多文化共生をめざして

震災時には神戸を中心として被災外国人を支援するボランティアグループが自然と集まり、一週間後ぐらいには外国人救援ネットがつくられた。それ以前にさまざまなかたちで在日外国人と交流していたグループが地震をきっかけに協力し、被災外国人の問題に取り組んだ。

その過程で思いもよらない問題も起きた。多額の治療費がかかるクラッシュ(挫滅《ざめつ》)症候群になったにもかかわらず、費用を支払うことができなくて早期退院を迫られたり、外国人にも差別なく支給されるはずの災害弔慰金(世帯主五〇〇万円、その他二五〇万円)が、うけ取る条件が「住民の遺族」でなければならないという理由で、オーバーステイの二名、短期滞在中の一名に支給されないという不条理もあった。治療費問題は行政が一定の解決策をだしたが、弔慰金問題はどうにもならず、救援ネットが民間弔慰金一〇〇万円を遺族にお渡ししたりした。大震災のなかだからこそ平等に救われなければならないというわたしたちの努力が通じない部分もおおかった。

救援ネットは震災の年の八月からは恒常的に外国人の相談窓口を開いている。相談の内容は当たり前のことだが、徐々に震災関連のことから日常的な内容に移っていった。先の治療費の問題は震災以前から問題となっていたオーバーステイ外国人の緊急医療が補償されていないということが、震災を契機に露《あらわ》になったものといえる。先の洪さんの回顧ではないが「震災以前の状況が震災時にあらわれた」のである。震災時の老人の死亡者を例にあげると、震災以前にコミュニティのなかで認知されていた老人はそのおおくが救出されたが、その逆の場合には救出が間に合わずに亡くなられた方もいる。外国人の問題もおなじことで、日常の地域コミュニティでの在り方が、震災時の生活に大きく関連している。また治療費問題のように震災前の制度的な不備が、震災時に命にかかわるような問題としてもあらわれるのである。まさに多文化共生をめざす、みんなが暮らしやすい日常のコミュニティをつくりあげたいものである。

避難所の神戸学生青年センターで
餃子パーティの準備をする中国人留学生たち。
1995年2月ごろ

NGO神戸外国人救援ネットのこれまでの歩み－ダイジェスト版－

NGO神戸外国人救援ネット代表・神戸学生青年センター館長　**飛田 雄一**

8カ国語生活相談

あすホットライン設立

阪神NGO　滞在外国人を救援

英語、スペイン語など八カ国語による外国人のための生活相談ホットラインが十三日に設立される。震災直後に結成された阪神大震災地元NGO救援連絡会議の分科会「外国人救援ネット」が開く。ホットラインを皮切りに、来春には「外国人救援ネット・神戸」（仮称）を設立する。

外国人救援ネットは、主に滞在外国人の救援を行い、保険未加入の滞在外国人の医療費を支払う基金の創設、臨時の生活相談ホットラインを設けるなどしてきた。

滞在外国人は、震災から二百日以上たっても、住む家や仕事が見つからないなど深刻な問題を抱えたまま。ホットラインは、こうした問題に日常的に対応していこうと週二日開いていく。英語、スペイン語、タガログ語、タイ語、ペルシャ語、ポルトガル語、中国語で、韓国・朝鮮語は県定住外国人生活復興センターが対応する。神戸に今までこうしたホットラインはなかった。

また、「外国人救援ネット・神戸」は、ひとつのNGOとして活動していくことにし、ホットラインのほか、滞在外国人の救援、行政に対する提言、情報収集や一般市民に対する啓発などを行う。

ホットラインは水曜日後2時－8時、土曜日前11時－後5時☎078・232・1290。韓国・朝鮮語は☎078・575・6160。

神戸新聞　1995.9.12

ＮＧＯ神戸外国人救援ネットは阪神淡路大震災によって生まれたネットワークである。大きな被害を受けた地域で被災外国人を救援するために自発的につくられた。故草地賢一さんらの呼びかけによって震災直後に作られた「阪神大震災地元ＮＧＯ救援連絡会議」の外国人分科会として誕生したのである。連絡会議の第１回目の全体会議は1995年２月７日に開かれたが、そこに集まったメンバーのなかで外国人支援に取り組もうという団体・個人がこのテーマの下に再び集まることになり、２月 16日に中山手カトリック教会（現神戸中央教会）で第１回目の会合をもった。その名称は、「阪神大震災地元ＮＧＯ救援連絡会議外国人救援ネット」である。

日本赤十字社が担当したオーバーステイ等外国人の義捐金問題、あるいは治療費、弔慰金の問題にネットワークとしての力を発揮しながら地方自治体との交渉を行った。厚生省にも３月 20日交渉に出かけたが、その日がちょうどその日に「サリン事件」が起こったというようなこともあった。また５月 10日にも当時阪神・淡路大震対策担当大臣の小里貞利氏との交渉にため東京にでかけている。

一方で治療費問題の解決のひとつの方法として考えた「治療費肩代わり基金」について４月 17日の第９回会合で論議をし、一時兵庫県が代替の方策を考えるとのことで発表を遅らせたが、６月 15日に正式にスタートさせている。当時全国各地から多くの募金が寄せられ本当に心強い気持ちになったものだ。

震災直後から外国人救援ネットのメンバーでもある外国人地震情報センターが大阪で相談窓口を設けて活動をしており連携して救援活動を進めていたが、８月１日～２日、神戸の地で外国人救援ネットとして初めての電話相談を行った。本冊子表紙の写真がその風景である。その後常設のホットライン窓口の設置のための相談がなされ、それは９月 13日よりスタートした。

地元ＮＧＯ救援連絡会議の分科会としての外国人救援ネットは翌 1996年３月 28日までに 35回の会合を開いたが、４月より新たに恒常的な活動をするためのネットワーク「ＮＧＯ外国人救援ネット」としての活動を開始した。この間、「ＧＯＮＧＯ（ゴンゴ）」と命名された行政との話し合いの場も度々開かれており、第10回が96年1月30日に開かれている。外国人救援ネットは外国人労働者問題に取り組む全国のネットワークとも連携しているが、96年4月には福岡で開かれた第1回移住外国人労働者問題全国フォーラムに参加した。以降今日までその全国ネットワークの一員としての役割も果たしている。恒常的なネットワークとしての外国人救援ネットは地震で被災した外国人の相談より日常的に外国人が抱える問題の相談に応じることが多くなった。

事務所は、当初から中山手カトリック教会にあるカトリック社会活動神戸センターの中におかせていただいている。97年4月には同じ敷地内であるがそれまでのプレハブから、鷹取カトリック教会から移設されたペーパーハウスに引越しをした。そのペーパーハウスから、一時同じ敷地内のあけの星幼稚園に事務所を移した後、教会の建替え工事の期間（2003年5月〜04年9月）には、下山手カトリック教会に移動した。2004年11月、神戸カトリック中央教会として竣工したのちにまたカトリック社会活動センターにより事務室を与えられて現在もここで活動を継続している。

神戸新聞 1997.5.18

踊りに、食に、遊びにと、多国籍の文化が次々に紹介された地球村フェスティバル＝神戸市中央区

7カ国の屋台、民族舞踊

発足1周年でフェス

三宮 〃草の根交流〃楽しむ

NGO外国人救援ネット

電話相談を中心に在日外国人の生活支援に取り組んでいる「NGO外国人救援ネット」（神田裕代表）が十七日、発足一周年を記念した「こうべ地球村フェスティバル」を神戸・三宮のサンパル南広場で開いた。震災時の助け合いの経験から生まれた同ネットが、共生社会の実現を願って催した。

会場はベトナム、インド、ペルーなど七カ国の香ばしい料理や民芸品の屋台がそろい、国際色も豊かに。ステージでは韓国舞踊やフィリピンのバンブーダンス、南米のフォルクローレが繰り広げられた。五感を通して多様な文化を伝える催しの数々に、訪れた市民は民族を超えた草の根交流の楽しさを味わった。

フィナーレのサンバでは、観客もリズムに誘われステージの上へ。会場はラテンの陽気にあふれ、スタッフも「外国人の参加も多く、予想以上の盛況となった。来年もぜひ続けたい」と手ごたえを感じていた。

外国人救援ネットは事務所が神戸市内にあるが、相談の電話は各地からかかってくる。そのようななかで、姫路の労働者派遣業者「本譲」の裁判（1997年）、龍野市のマリオさんの裁判などに関わるようになっている。ホットライン相談は現在も外国人救援ネットの主要な活動であるが、本冊子巻末にホットライン相談統計を資料として掲載してあるので参照願いたい。

97年5月17日には神戸三宮サンパル広場で「NGO外国人救援ネット地球村フェスティバル」を開催した。このフェスティバルは各国の演芸、出店がそろい賑やかな模様しである。1997年から2000年まで4回開催した。

ホットラインおよび事務局業務に関しては、充分な給料を払うことができないが、専従者をおいて現在まで対応している。吉冨志津代、鈴木隆子、松代東亜子、尹英順、間野静雄らである。

地元NGO救援連絡会議が積極的に行っていた海外の災害に対する支援活動の関連では、97年5月10日に起こったイラン地震の時には連絡会議と連携し、支援のため外国人救援ネットから日比野純一、吉富志津代を送り、国内での募金活動とともに現地での支援活動を行った。

ボランティア日本語教室に対する行政の支援は、GONGOでの協議の成果のひとつである。別項のレポートを参照していただきたい。

外国人救援ネット・ニュース No.1

害時におけ

98年8月には、「兵庫県地域国際化推進基本指針」に対する外国人救援ネットがカウンターレポート作成して提出した。このレポートは高く評価されている。

外国人救援ネットはシリーズあるいは単発で講座や集会を開いているが、シリーズのものには以下のようなものがある。

「通訳ボランティア連続講座」(1998年、全4回) ／「ボランティア勉強会」(99年、全4回) ／「外国人のための生活情報セミナー」(2000年、全4回) ／「相談窓口担当者のための実践講習会」(02年、全5回) ／「外国人支援のための公開講座」(03年全4回) ／「外国人のための労働セミナー」(03年、全3回、3言語コース)

行政との交渉はGONGOが定期的に開催していた時期 (1995年秋〜1999年5月) には、適宜行われたが、その後も、「地域振興券」(99年3月、別項参照)、「被災者支援金の外国人への徹底問題」(99年11月)、「外国人の求職問題」(00年9月)、西日本入管センター問題 (02年8月ほか) などを行っている。外国人救援ネットが取り組んで何度も入管と交渉をした「マリオさん一家の強制送還問題」も大きな課題のひとつであった。

兵庫県との連携に関しては、2002年度年より夜間の電話相談事業が県の助成を得て現在まで行われている。また神戸市以外の兵庫県下で移動相談会も02年度より開催されている。

また外国人救援ネットは、震災の年に全国から寄せられた肩代わり基金の残金を各地の支援グループにお返しするという意味をこめて、99年4月に「移住労働者人権裁判基金」を設立した。そして一時的に外国人のためにお金を貸し付ける「外国人救援ネットバンク」も運営している。

私たちの活動を広く知っていただくために「ニュース」を発行している。1号を95年11月15日に発行し、2004年12月27日には23号をだしている。

外国人救援ネットが地元NGO救援連絡会議の分科会から発足したことはすでに述べたが、このネットワークの名称は、96年4月より「NGO外国人救援ネット」、2000年2月より「NGO神戸外国人救援ネット」としている。多くの方々の協力のもとに活動を継続することができているが、吉井正明、増田正幸、松本隆行、佐藤功行、梁英子、白承豪ら弁護士にはマリオ裁判等でお世話になっている。当初、顧問弁護士と読んでいたが顧問料を支払わずにボランティアで関わっていただいているので、こちらが恥ずかしくなり最近は、協力弁護士を呼ばせていただいている。感謝にたえない。代表は、発足当初より神田裕がつとめ、2000年7月、飛田に交替した。

被災外国人の治療費、弔慰金問題

飛田 雄一

神戸新聞 2005.11.11

NGO 救援連絡会議

超過滞在の外国人医療費 県に免除を要望

阪神大震災地元NGO救援連絡会議(草地賢一代表)などは三日、震災で被災した外国人の医療費支給を求める要望書を兵庫県に提出した。主にオーバーステイ(超過滞在)の外国人について「災害救助法に基づき医療費は免除されるはず」としており、県は「人道的な立場で検討する」と答えた。

同連絡会によると、震災による負傷で入院または通院したオーバーステイの外国人は、現時点で五人確認されている。大阪府内の病院を退院した韓国人男性の場合は医療保険に未加入のため治療費が約二百万円に上るという。

要望書は「災害救助法によると、災害発生から十四日以内の医療費が支給される。期限七日間の食費支給も現在延長されており、医療費についても同様に扱うべき。たとえオーバーステイでも差別されるべきではない」としている。

厚生省によると、保険未加入者の医療費支給についての取り決めはなく、災害救助法を所管する県消防交通課は「救助の対象となるのは、原則的に日赤や公立病院の医師で構成する救護班による医療行為について定めたもの。その他のケースについては個人負担になる場合が多い」としている。

同連絡会では「医療費支給を救護班での応急処置に限るのは非現実的。現に困っている外国人がおり、何とか柔軟な対応を」と訴えている。

■「治療費」問題

1995年1月17日に起こった阪神淡路大震災は、未曾有の自然災害であったが、被害が差別的に広がったという人災的側面もある。被災外国人の治療費、弔慰金問題もそのひとつである。

震災後のかなり早い時期に、多額の治療費支払いができないオーバーステイ外国人の問題が救援ネットに入ってきた。瓦礫に埋まって一定時間がたつと人工透析によってしか助からないというクラッシュ（挫滅）症候群である。ペルー人２名、韓国人１名、中国人１名を確認したが、それぞれ200～300万円の治療費を必要とした。救援ネットは災害救助法によって救済されるものと考えていたが、行政当局の見解はそうではないというのである。

災害救助法は救助の内容として、①７日間の避難所の運営、②３日間の行方不明者捜索、③１４日間の治療などが定められている。私たちは、避難所、行方不明者捜索がそれぞれ何度も延長されていることから、治療についても必要な期間延長されてしかるべきだと考えたのである。先の未払いになっているクラッシュ症候群の治療費問題も大きいが、保険未加入の外国人が治療を継続できない、あるいは治療半ばにして退院を迫られるようなことがあればもっと大きな問題だと考えた。私たちはこの問題をめぐって行政当局と何回も会合をもった。

また一方で「治療費肩代わり基金」をスタートさせることにした。これは、災害救助法による治療費全額公費が実現していない状況のもとで、治療や入院の継続が困難になっている外国人に対して、後日外国人救援ネットが行政から治療費が支払われることを願って立て替えるというものである。「そのような外国人は心配せずにどうぞ私たちの集めたお金で病院に行ってください」というものだった。幸い兵庫県は外国人救援ネットの要望を受け入れ、災害救助法による救済ではないが、独自に阪神・淡路大震災復興基金より未払い治療費を補填する制度をつくってくれた。その「外国人県民緊急医療費損失特別補助制度」によって、11件、8病院、計7,491,560円が支払われた。

同制度の内容は以下のとおりである。

・ 目的　震災に直接起因する傷病で外国人が医療を受けた場合で、医療費を払えない被災外国人を救済するため、外国人の未払い医療費を医療機関に補助する。
・ 実施期間　1995年1月17日～5月31日までの医療が対象
・ 対象者　震災時、県内に在住していた外国人で、医療機関で治療を受けた傷病者のうち、医療費の弁済が行えない者で、健康保険、社会保険等医療保障制度や生活保護法等法令に基づく制度の適用を受けない外国人。
・ 対象医療機関　県内、県外のすべての医療機関（歯科を含む）
・ 対象医療費　次のすべての要件を満たす医療（震災に直接起因する傷病で保険診療で認められる範囲内の医療にかかる医療費／平成1995年1月17日～5月31日までの医療費）
・ 補助限度額　300万円

阪神淡路大震災時に緊急医療を受けることができない外国人が一部にいたことは、それ自体が大きな問題である。神戸では1990年にくも膜下出血で緊急入院したスリランカ人留学生ゴドウィンさんの生活保護による医療費支払いをめぐって住民訴訟が行われたが、1997年最高裁で上告棄却の判決が出されている。この判決にも見られるように日本にいる外国人が命に関わる緊急医療を必要としたときにそれを救済する制度がないということが、震災以前からの問題であったのである。上記の兵庫県の制度は評価できるものであるが、日本政府が生活保護等の方法ですべての外国人の生存権を補償する制度を用意することが求められている。

短期滞在、超過滞在の外国人被災者へも救済の手を!!

NGO団体らが地震担当相に要望書

被災地のNGO団体らで組織している「阪神大震災地元NGO救援連絡会議外国人救援ネット」（神田裕代表）が十五日までに、「短期滞在、超過滞在の外国人被災者へも医療費、弔慰金を支払うべきだ」とする要望書を小里貞利地震担当大臣に提出した。

災害救助法では、健康保険加入者に対しては医療費の本人負担分が免除されることになっている。しかし、国民健康保険は、一年以上のビザ取得が条件となっているため、短期滞在者、超過滞在者は加入できない。同会の調べでは、計約五百万円の治療代を請求された超過滞在のペルー人父子や二百万円を請求された超過滞在の韓国人男性らがいるという。

また死亡した場合の弔慰金についても短期滞在者、超過滞在者には支払われないのが現状だ。

同会では「被災者は平等に救済されるべきで、国籍、在留資格で差別されるのはおかしい。回答次第では、治療費などを会で肩代わりするための募金を国内外に呼び掛ける」と話している。

毎日新聞 1995.5.16

■「弔慰金」問題

外国人救援ネットはもうひとつ災害弔慰金の問題にも取り組んだ。弔慰金は、「災害弔慰金の支払等に関する法律」によって支払われるもので、世帯主の場合に500万円、それ以外の場合に250万円となっている。死者を差別してはならないことは当然のことであるが、オーバーステイ２名および短期滞在ビザで来日中の１名、計３名に弔慰金が支払われないという事態が生じた。①神戸市東灘区で死亡したペルー人で短期滞在で来日し地震の前日にビザが切れた人②神戸市中央区で死亡したオーバーステイの中国人③神戸ＹＭＣＡ学院で日本語を勉強していた韓国人の奥さんで震災の直前に来日した韓国人。

同法三条には、「市町村は条令の定めるところにより、政令で定める災害により死亡した住民の遺族に対し、災害弔慰金の支給を行うことができる」とある。オーバーステイの外国人にたいしても日本赤十字社関係の義援金（10万円）、兵庫県の全壊10万円、半壊５万円の援護金および神戸市が支払う見舞金（全壊４万円、半壊２万円）が支払われることになっていることから、弔慰金についても支払われるものであると考えていたがそのようにならなかった。自治体との交渉では政府の「有権解釈」に縛られて支給できないという。

外国人救援ネットのお渡しした「民間弔慰金」（３名）に添えた手紙

阪神大震災で亡くなられた貴方の〇〇〇〇のために私たち「阪神大震災地元ＮＧＯ救援連絡会議・外国人救援ネット」より、弔慰の心をあらわし、百万円をお贈りします。

外国人救援ネットでは、震災での犠牲者、被災者が国籍・在留資格等の差別なく、平等に救済されることを願って活動を続けて参りました。

行政当局より支払われる弔慰金について、私たちは差別のない平等な支払いを要求してきましたが、在留資格がない、あるいは、短期滞在であるとの理由で支払われないことが明らかとなりました。私たちは、国際人権規約、難民条約あるいは日本国憲法に定められた内外人平等の原則を踏みにじる行政当局に、大きな怒りを覚えます。行政が、一部の犠牲者を切り捨てるようなことがあっても、私たちは、それを放置することはできません。

そこで私たち外国人救援ネットでは、全国から寄せられた募金の中から、「弔慰金」を贈ることにいたしました。

民衆の連帯のしるしとしてお受け取り下さい。

一九九五年一〇月四日

阪神大震災地元ＮＧＯ救援連絡会議外国人救援ネット

代表　神田　裕

NGO・外国人救援ネットに
「弔慰金ありがとう」
中国人男性遺族から　礼状と錦旗届く

中国から届いた錦旗を手にする阪神大震災地元NGO救援連絡会議のメンバー

阪神大震災地元NGO救援連絡会議の外国人救援ネット（代表・神田裕カトリック鷹取教会神父）が創設した「肩代わり基金」で、弔慰金百万円の支給を受けた中国人男性（当時三十三歳）の遺族から、八月までに、同ネットに丁寧な礼状と錦旗が届けられた。

同基金は昨年六月に創設。震災では、短期滞在などの外国人が負傷しても医療費が支払えなかったり、自治体の災害弔慰金が支給されないなど問題が出て、同ネットが民間として独自の基金を募り、行政から救済されなかった被災外国人や遺族六人に弔慰金や医療費を支給した。

震災で死亡した中国人男性の場合、七年間も神戸で生活しているのに、短期滞在という理由で「住民ではない」とされ、遺族の災害弔慰金申請を自治体は拒否。このため同ネットが昨年十月、百万円を支給。今回届いた錦旗は、同ネットへのお礼の気持ちを込めて贈られたもので、縦約二㍍、横約一㍍の大きさ。「この度の阪神大震災に於いて御援助賜り家族一同心より厚く御礼申し上げます」と、赤色の生地に金糸の刺しゅうで丁寧につづられている。同ネットの神田代表は「感謝されたことはうれしいことだが、基金はあくまで肩代わりであり、本来は国が負担すべきもの。今後も国に弔慰金などの支給を求めていきたい」と話している。

毎日新聞　1996.2.9

1995年２月８日、参議院予算委員会集中審議において井手厚生大臣は次のように発言している。

「国籍要件はございませんから、永住外国人はもちろん、企業の駐在人や、留学生の皆さんも、一般的に国内に住所を有しているとみられるため、災害弔慰金の対象にはなります。しかしながら、不法滞在外国人につきましては、適法に日本国内に住所を有しているとは認めがたく、またほかの給付との整合性もあります。だいたい、どなたにお支払いしていいのか分らん、ということもありまして、なかなかこの弔慰金の対象にするのは難しいとみられます。各自治体で、義援金等で、何か処置をして頂く以外にないんじゃないかなぁと、こんな風に考えているところが現状でございます。」

外国人救援ネットと厚生省との交渉において、先の治療費問題とともにこの弔慰金問題も取り上げた。われわれが、オーバーステイの外国人に弔慰金を支払わないという根拠を問うと、「災害弔慰金の支払等に関する法律」の「住民」の問題だという。大臣答弁にでてきているが、オーバーステイおよび旅行者は「住民」ではないから支払われないというのである。また厚生省の見解によれば自治体が独自に条例を制定してオーバーステイの外国人に弔慰金を支払うのも可能だとのことだ。また雲仙普賢岳災害の時のことをとりあげ、当時亡くなった外国人は２名いたが、教授ビザの人には弔慰金が支給されももう１名の急遽短期滞在ビザで来日中であった方には支給しなかったことを述べ、今回のそのような措置になるとのことだった。とうてい納得できるようではないし、雲仙と時にそのようなことが知られていれば当然問題になっていたと思う。本報告書に特に弔慰金問題を取り上げ銘記する理由もここにある。

自治体と政府の間で「たらい回し」された形であったが、ＧＱｎｅｔは、先の３名がすべて神戸市で死亡したため独自にこのような外国人にも弔慰金を支給するという条例を制定するように要望した。

しかし結果的に私たちの要望は受け入れられなかった。やむなく私たちは集めた募金の中から３名の方の遺族に各々100万円の「民間弔慰金」をお支払いした。中国人、韓国人については日本で直接お渡しし、ペルー人については遺族が帰国されていたので送金手続きを行った。金額も災害弔慰金に比べて少ないものであったが、私たちの気持ちを綴った手紙とともにお渡ししたところ大変喜ばれた。命の軽重が死者に対してなされたという阪神淡路大震災の負の教訓として記憶する必要がある。

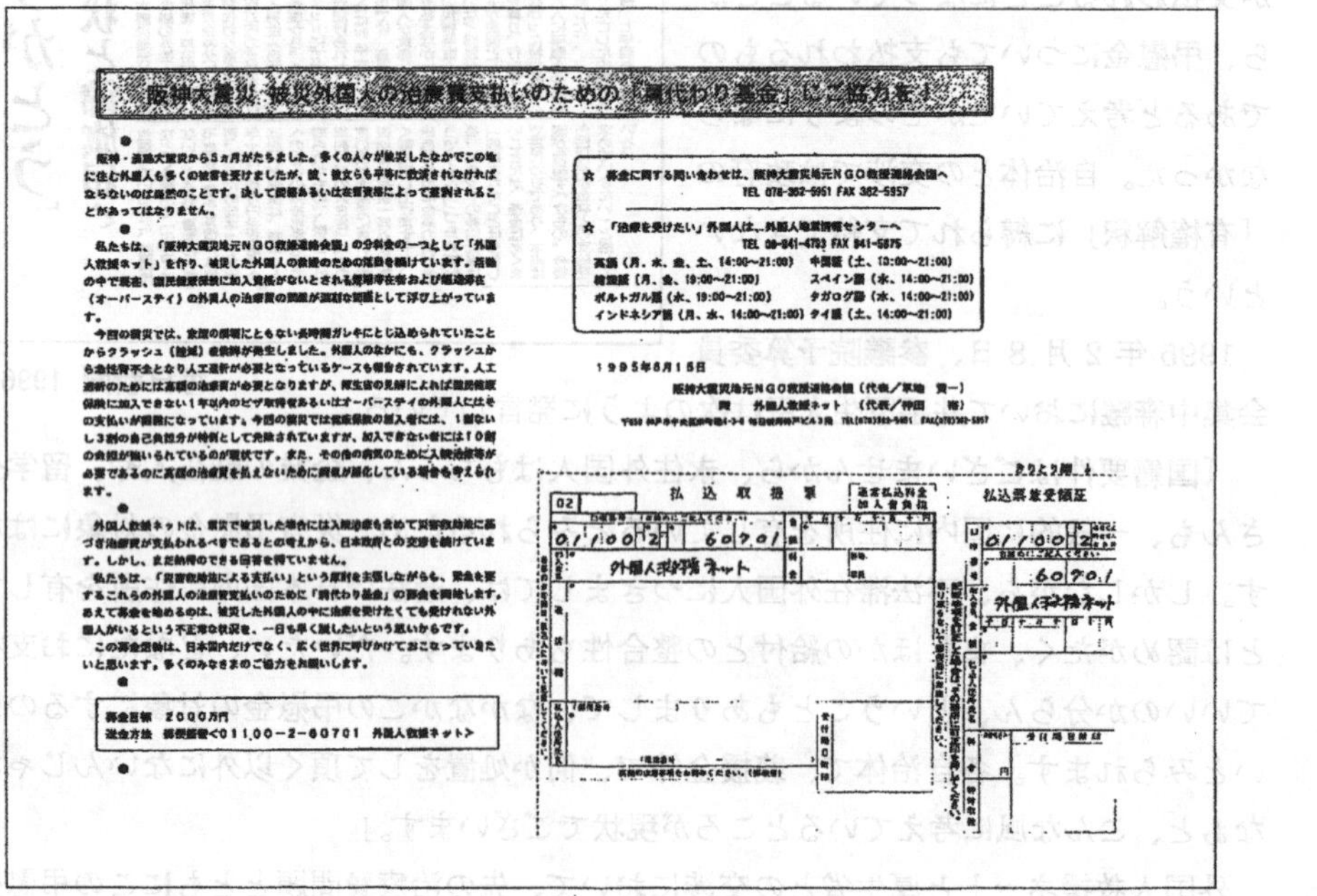
阪神大震災 被災外国人の治療費支払いのための「肩代わり基金」にご協力を！

●
阪神・淡路大震災から5ヵ月がたちました。多くの人々が被災したなかでこの地に住む外国人も多くの被害を受けましたが、彼・彼女らも平等に救済されなければならないのは当然のことです。決して国籍あるいは在留資格によって差別されることがあってはなりません。

●
私たちは、「阪神大震災地元NGO救援連絡会議」の分科会の一つとして「外国人救援ネット」を作り、被災した外国人の救援のための活動を続けています。活動の中で現在、国民健康保険に加入資格がないとされる短期滞在者および超過滞在（オーバーステイ）の外国人の治療費の問題が深刻な問題として浮び上がっています。

今回の震災では、家屋の倒壊にともない長時間ガレキにとじ込められていたことからクラッシュ（挫滅）症候群が発生しました。外国人のなかにも、クラッシュから急性腎不全となり人工透析が必要となっているケースも報告されています。人工透析のためには高額の治療費が必要となりますが、厚生省の見解によれば国民健康保険に加入できない1年以内のビザ取得者あるいはオーバーステイの外国人にはその支払いが困難になっています。今回の震災では健康保険の加入者には、1割ないし3割の自己負担分が特例として免除されていますが、加入できない者には10割の負担が強いられているのが現状です。また、その他の病気のために入院治療等が必要であるのに高額の治療費を払えないために病状が悪化している場合も考えられます。

●
外国人救援ネットは、震災で被災した場合には入院治療も含めて災害救助法に基づき治療費が支払われるべきであるとの考えから、日本政府との交渉を続けています。しかし、まだ納得のできる回答を得ていません。

私たちは、「災害救助法による支払い」という原則を主張しながらも、緊急を要するこれらの外国人の治療費支払いのために「肩代わり基金」の募金を開始します。あえて募金を始めるのは、被災した外国人の中に治療を受けたくても受けれない外国人がいるという不正常な状況を、一日も早く解消したいという思いからです。

この募金活動は、日本国内だけでなく、広く世界に呼びかけておこなっていきたいと思います。多くのみなさまのご協力をお願いします。

●
募金目標　2000万円
送金方法　郵便振替<01100-2-60701　外国人救援ネット>

●

☆　募金に関する問い合わせは、阪神大震災地元NGO救援連絡会議へ
TEL 078-362-5951 FAX 362-5957

☆　「治療を受けたい」外国人は、外国人地震情報センターへ
TEL 06-941-4793 FAX 941-5875
英語（月、水、金、土、14:00～21:00）　中国語（土、13:00～21:00）
韓国語（月、金、19:00～21:00）　スペイン語（水、14:00～21:00）
ポルトガル語（水、19:00～21:00）　タガログ語（水、14:00～21:00）
インドネシア語（月、水、14:00～21:00）　タイ語（土、14:00～21:00）

1995年6月15日
阪神大震災地元NGO救援連絡会議（代表／草地　賢一）
同　外国人救援ネット（代表／神田　裕）

行政とNGO神戸外国人救援ネット－GONGOの歴史

飛田 雄一

震災直後、外国人救援ネットは、被災外国人救援のために度々兵庫県、神戸市と交渉をもった。当初の主なテーマは、先に述べた外国人の治療費および弔慰金の問題であった。多いときには毎週のように会合をもった。

この行政と外国人救援ネットとの会議は、1995年秋頃、更に継続することになった。そしてその会議につけられた名前が「GONGO」である。GONGOとは、Government（政府・行政）+NGOの造語で、我々の仲間であった故草地賢一氏の命名である。草地氏は阪神大震災地元NGO救援連絡会議の代表であり、その分科会として発足した外国人救援ネットのメンバーでもあった。

GONGOはだいたい月に一度開かれた。会場は県の職員会館、県民会館などであった。メンバーは行政側もNGO側も基本的に固定もメンバーとしていた。形式は、「団交」ではなかった。これは相互の一定の信頼関係のもとにフランクに腹を割って話し合い、その中で実現可能なことを探っていくというスタンスをもとうとしていたのである。「＊＊の会議で＊＊と言ったではないか」というように追求をするのではなく、オーバーステイの人も含めて地方自治体の構成員たる外国人の処遇改善を、時には共通に国に要望も出しながら図って行こうという趣旨であった。

司会は基本的に草地氏が行い、欠席の時は飛田が担当した。会議の進め方は、行政、NGO双方よりテーマに即して現状と課題について報告し、討論した。日本政府あてに要望書を出すことになったこともあるし、自治体予算の計画の段階で意見交換をすることもあった。双方の「作風」の違いについて互いに納得（？）しながら、具体的な課題を前に進めるために智恵を出し合うという面もあった。

1996年1月30日GONGO会議録というのが残っているので雰囲気を伝えるためにその一部を紹介する。

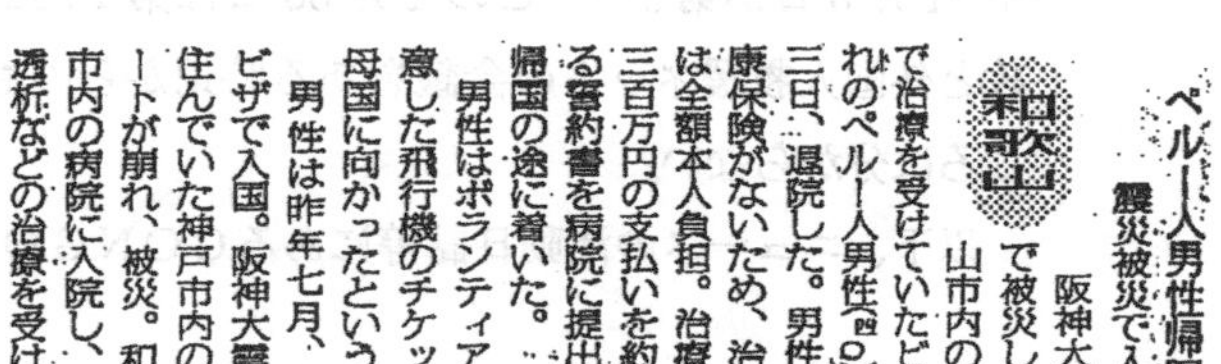

ペルー人男性帰国
震災被災で入院
和歌山
阪神大震災で被災し和歌山市内の病院で治療を受けていたビザ切れのペルー人男性(四〇)が十三日、退院した。男性は健康保険がないため、治療費は全額本人負担。治療費約三百万円の支払いを約束する誓約書を病院に提出し、帰国の途に着いた。
男性はボランティアが用意した飛行機のチケットで母国に向かったという。
男性は昨年七月、観光ビザで入国。阪神大震災で住んでいた神戸市内のアパートが崩れ、被災。和歌山市内の病院に入院し、人工透析などの治療を受けた。

毎日新聞（和歌山版） 1995.3.14

●議事録●

日時：1996年1月30日（火）14:00～16:30
会場：県民会館901号室
出席者：（行政側）金光、鷲尾、松田、中川、新城、丹羽、大西、竹岡、吉並、山田
（NGO側）草地、森木、飛田、金、マリア、田村、李、吉富、村上
＊（協議事項）
1、外国人救援を含む、地域における国際化について

2、組織、位置付け、展開について
3、内容について一第3セクター方式の限界。行政と民間がどうリンクするか
*(協議内容)
*地域の国際化についての「哲学」
県より外国人への取り組みについて説明。内外人平等という理解で推進。市より地域の国際化についての取り組みについて。県、外国人県民」という理解で。
*各活動の報告および意見
NGOより、地域国際化、基本的なデータの必要性について/「NGO」のスタンス・広がりについて/外国人救援ネットの最近の活動報告
市より、情報センターの必要性について。
NGOより相談員としての働さから。/行政の対応に関する意見、最近のケース紹介/人権という点からの法の見直しの必要性について/行政による規制の問題(例:結婚)
*神戸外国人救援センター(仮称)との今後のタイアップ、連携ついて
NGOより、あるフィリピンの女性(火事でやけど等、多額の医療費)のケースについて報告
*最近のケースから、県・市の国際交流協会とはどのような連携があるか、意見交流。
・NGOは直ぐに動ける。県・市は、法に規制される/これまでNGOに言語や講師などを依頼。
・第3セクター方式におけるNGOの限界。NGOのスタンス、宗教・政治・イデオロギーからフリー/NGOの不足する部分、法的裏付け、時間、お金
*外国人のケアーについて
東京、名古屋、大阪、福岡などとのネットワーク/NGO と行政とリンクでさるものがある。神戸市、兵庫県、NGOの相談窓口のネットワーク作り。ケーススタディ/西宮市が国際交流協会をつくる予定/行政の方針や原案の中にNGOも入り、施策にしていく。行政の施策の中に経章のシェアーが考えられても良い。
*その他
4月以降もNGO連絡会議のようなものの存続を/GONGOに今後も期待。
*次回 GONGO 会議日程
・1996年3月14日(木)17:00~(会議)
18:00~(懇親会)

1996年9月10日発行の「外国人救援ネットニュース No.2」の活動日誌によると、1995年11月6日が第9回、この1月30日は第10回となっている。この回数は、震災依頼の行政と外国人救援ネットの会議をある時期からのものをカウントしているようだが正確なところは分からない。

以下、ニュースの活動日誌等にあるGONGOの日付について記しておく。

第11回 96年3月14日
第12回 5月14日
第13回 7月8日
第14回 9月12日
第15回 11月20日
第16回 97年2月12日
第17回 4月25日
第18回 6月27日
第19回 97年9月5日
第20回 10月3日
第21回 11月4日
第22回 98年2月6日
第23回 4月27日
第24回 98年6月16日
第25回 8月6日
第26回 10月5日
第27回 12月21日
第28回 99年2月8日
第29回 4月23日
第30回 7月2日

第31回 10月7日、最終回

95年秋にGONGOが始まって以降基本的には和気藹々のいい雰囲気での会合が開かれたが、何度か「危機」があった。ひとつは、我々の出した兵庫県の指針に対するカウンターレポートをめぐってである。

98年8月6日、外国人救援ネットは「兵庫県地域国際化推進基本指針」に対するカウンターレポートを提出した。このレポートは、兵庫県の指針に対して評価すべき点は評価しながら不十分な点、欠けている点について述べた総合的なレポートである。8月27日我々はこのレポートについて記者会見を行った。この会見でGONGOのことが話題となり（?）県にマスコミが問い合わせた。これについて10月5日のGONGOの席で県よりNGOへの不信感が表され、いくつかのやり取りがなされたのである。このやりとりはGONGOのいい意味での和気藹々さ、悪い意味での密室の会議のもち方にも関係するものであった。

もうひとつは、99年3月12日に外国人救援ネットが兵庫県と神戸市に提出した地域振興券に関係する問題である（地域振興券については金宣吉の別項参照のこと）。この交渉の過程で兵庫県職員の対応が外国人救援ネット側で問題となった。国際担当の職員の発言として容認できない発言だという意見が救援ネット側ででた。この発言はGONGOの場でも追及すべきだという意見や、GONGOの場では「団交」はしないことになっているという意見や、糾すことの出来ないGONGOという場はもはや必要ないのではないかとかの意見がでてきた。このような中で開かれた第29回GONGO（99年4月23日）は、久しぶりにGONGOとしては緊張したやり取りがなされた。

その後、外国人救援ネット内部ではGONGOの是非をめぐって論議がなされた。カウンターレポートや地域振興券の件などを受けた形で、「なれあい」的GONGOなら必要でないと言う意見や、そういう面もあるが定期的な行政とのパイプを持っておくことの必要性を主張する意見もあった。結局、外国人救援ネット内部では、GONGOの使命は終わったとの認識が多数をしめ、99年10月7日の第31回をもって終了することにした。この終わり方決してNGO側から絶縁状を突きつけるようなものではなかった。新たな問題が発生したときにはまた会合をもつことも確認されたし、「GONGO忘年会」や年度が変わったときに新しい職員を紹介するためのパーティを開いたりしている。

以上、私がかなり主観的にまとめたGONGOの歴史であるが、GONGOが阪神淡路大震災が生んだ行政とNGOの貴重な「場」であったことは間違いないだろう。

神戸学生・青年センター
センターニュース
KOBE STUDENT YOUTH CENTER NEWS No.27

No.27
発行所　(財)神戸学生・青年センター
理事長　河上民雄
館長　飛田雄一
〒657 神戸市灘区山田町3丁目1－1
TEL (078)851-2760
FAX (078)821-5878
郵便振替 01160-6-1083
Yamada-cho 3-1-1, Nada-ku
Kobe, 657 Japan

この世の中、捨てたもんじゃない

阪神大震災で被災した留学生・就学生の支援活動

神戸学生青年センター館長　飛田雄一

1月17日、ああ地震

朝5時46分、ものすごい揺れで目を覚ました。以前、テレビで観た地中の怪獣が私の下半身を地中に引き摺りこむ、そんな夢を見ているようだった。

センターと私の住む鶴甲団地は車で10分ほど。宿泊客が心配になりすぐにセンターにかけつけたが、幸い宿泊客はなくひと安心。管理人の中国人留学生家族4人が部屋にいないので大声で探していると、寝間着姿で外に避難していた。

事務室、主事室は足の踏み場もないほど書類が散らばっていた。でも幸いキャスターの上にのっていたコンピューター、テレビなどは無事だった。求める会等の共同事務所は、中でロッカーなどが倒れてドアが開かない。トイレ、ホール、ロビー等の壁に亀裂が入っているが、柱には傷はない。建物自体は大丈夫のようだ。

▲くつろぐ留学生たち

留学生・就学生の支援

センターでは、地震発生以後、1週間目くらいから留学生支援の活動を始めた。そのきっかけとなったのは、韓国からの一本の国際電話だ。私の直接知らない関西学院の留学生が、下宿が全壊して今韓国に帰っている、大学院の手続のためどうしても近いうちに日本に行かなければならないが、住むところがないというのである。私はとりあえず学生センターに来ればなんとかすると答えた。

地震の起こった時期は留学生にとって大切な時期で、論文の提出、大学院の手続、入学試験などのため、特に大学の近くにいる必要があったのである。

幸い学生センターのあたりは激震地の灘区にあっては被害が比較的少ない方で、付近の家が全壊とならなかった。そのため地域住民のための避難所にはなっていなかったので、特に留学生のためだけの宿舎として提供することが可能だったのである。

ホームステイをよろしく！

そこでセンターでは、被災した留学生にホームステイ先を紹介することにし、新聞社にその募集と留学生には斡旋することを連絡した。新聞にそのことが掲載されると多くのホームステイ受け入れ希望の電話がかかってきた。中には、欧米志向でアジアの留学生に拒否反応を示すような家庭もあったが、日本人のボランティア精神はすばらしいものだった。今回の地震では神戸市内全体で被害がひどく、ホームステイ先も遠隔地が多かったこと、交通が遮断されており普通なら通える距離でもそれが非常に困難であったことなどから、ホームステイ先は容易には決まらなかった。138件の申し出があったが、実際にホームステイさせていただくことになったのは、そのうち15件程度であった。

水がでる、ガスがでる

新聞にホームステイ先斡旋のことがでると、意外なことに避難所生活をしている留学生から電話が多くあった。帰国した留学生が多くて避難所で暮している留学生は少ないと思っていたが、そうではないようだった。彼・彼女らのうちの何名かは、センターに来るようになり、多いときでは20名ぐらいの留学生・就学生が滞在することになった。

2月4日には水が出るようになり、ガスはまだだったが一般家庭と違って重油で風呂を沸していたので風呂にも入れるようになった。1月26日からはKDDの好意で国際電話が無料でかけられるようになったのも留学生にとっては魅力であったと思う。

生活一時金支給の決断

またセンターに出入りしている留学生と話をしていると、地震後の留学生にお金の問題が切実だという。一般の日本人学生が10万円位の貯金を持ちながら暮しているとすれば、留学生はそんな余裕はなくアルバイトをしながらなんとか暮している人も多いという。文部省から見舞金10万円が出るという情報もあったが、結論的に後々の10万円より当面の3万円ということになった。募金活動も開始し、2月1日から住居が全壊・半壊した留学生に3万円ずつ支給することにした。特に根拠はなかったが500万円を目標に募金を集め、150名ほどに支給すればいいのではないかと考えたのである。

義援金続々に勇気一〇〇倍

最初は、入金より出金の方が多くセンターが立て替えるという状況が続いた。しかし日本社会は捨てたものではなく、募金が多く集まり始めた。そして2月14日からは支給の範囲を就学生に拡大することにしたのである。実に計76 3名の留学生・就学生に生活一時金の支給ができた。支援してくださった全国の皆さまに感謝感謝です。ありがとうございました。

（8頁に関連記事があります。）

震災中の留学生と学生センター

神戸大学大学院経済学研究科
（中国人留学生）　金哲松

阪神大地震からまもなく三ヵ月になるところであるが、神戸は桜満開の季節に入った。復旧になんとか目途がついたのは、まあ結構なことであるが、それよりもっと喜ぶべきことは新しい神戸文化とも言えるような人間本来の良性の復活と展開ではないかと思う。まるで「そしてひとつが終わり、そしてひとつが生まれ」の感じである。

神戸に来て二年目になるところで、入管からの家族滞在許可がやっとでて、昨年12月13日に家族を呼んできた。家族が来日して一か月ちょっとでなんと大地震に……。幸い家族全員は無事であったが、これからの留学生活に対しては絶望的であって留学を放棄しようとも思っていた。それは家が全壊であって住居解決に目途がつかなかっただけではなく、これからの長期にわたる避難生活で日本人に嫌われるのではないかと思ったからであった。が、どこへいってもお互いに助け合い支え合う感動的な場面で、留学生に対しても同じ、いや留学生に対してはもっともっと援助しようとするのが普通であった。家族を連れて一時帰国して一人で戻ってきた私は、もとの避難場所には戻れないので困っていたが、友人の紹介でやっと新しい避難場所が見つかった。僕等にとっては贅沢過ぎるぐらいの神戸学生青年センターであった。センターでは1月25日頃から大規模な留学生支援の活動を始めて、被災した留学生に当面の宿舎の提供及びホームステイ、下宿の紹介、生活一時金3万円支給、国際電話の無料サービスなどの活動を行なってきた。これは留学生にとっては「雪中送炭」である。館長飛田さんをはじめとするセンターの職員皆さんのお陰で、私は学年レポートを全部書き終わり、また新しい住居も見つかった。

地震は人々に大きすぎる不幸と被害をもたらした。でも神戸の人々は被災に負けず頑張っている。神戸の街の至る所まで人情に溢れている。私も当面の困難を乗り越えて頑張りたいと思う。

I LOVE KOBE

留学生・就学生支援活動の記録

①生活一時金（3万円）の支給
（2/1～3/31）

大学・大学院・短大	379
日本語学校その他	384
計	763

中国人	626
韓国人	63
その他	74
計	763

※　その他の国は、台湾(26)、バングラデシュ(13)、インドネシア(5)、以下3人が、オーストラリア、ベトナム、香港、ミャンマー、2人がマレーシア、ブラジル、フィリピン、ニュージーランド、1人がポルトガル、ザンビア、エジプト、アメリカ、トルコ、イギリス、メキシコ、スイス、スリランカ、ネパール。

②ホームステイの紹介
受け入れ希望　138件
実際の受け入れ　15件

③センターでの宿泊
1/25～4/11　平均　約15名
延べ　1120名

④物資の供給

自転車	48台
オートバイ	20台
冷蔵庫	3台
洗濯機	8台
カラーテレビ	9台

震災日誌／救援関係

1・17　大地震
18　市島町有機農業研究会より救援物資第1便届く、その後も続々
22　大阪の水野G、徐翠珍G、京都厚地氏、物資持参
23　ワーキングたんぽよりパン、大阪の栗野、呉光現氏ら来訪
24　聖公会大阪より自転車
25　留学生支援活動開始
26　ボランティア宿泊開始、KDD無料電話設置
30　宮内、全富子氏ボランティア（～2・20）
2・1　留学生に3万円支給開始、東京・韓国食品（関氏）より物資
2　大脇議員ら来訪
4　水道復旧
5　アマチュア無線の局設置
7　赤ちゃん等入浴サービス開始、サラワクキャンペーンよりTシャツ
9　被災「障害」児・者支援の会がセンター内に拠点、愛知県の日進等子育て支援ネットよりバイク等、徐根植氏ホルモン鍋提供
11　東九条マダンG来訪
14　就学生に3万円支給開始
19　百姓いっきより物資、灘教会留学生にうどんの会
21　すずかけ労働センター（梁徳龍氏）より自転車7台
22　早稲田奉仕団、韓国裡里第一教会代表来訪
24　ACISCA、鎌ケ谷国際交流協会より来客
25　横浜・今井久美雄医師による韓国語による医療サービス（～26）
26　高槻シャルマンコーポ摂津富田管理組合より自転車19台他、韓国より朴才一氏ら来訪
3・4　小池百合子氏IBPの義援金を持参来訪
6　ガス復旧
ボランティアデイ、宝塚の茶房「欅」がコーヒーサービス
8　豊田市国際交流協会よりバイク18台、自転車22台
19　ノイエカンマーコール、センターでコンサート
20　地元NGO厚生省交渉
25　流通科学大学吹奏学部他、留学生支援のチャリティコンサート（4・2も）
28　徳島市国際交流協会来訪
30　河内長野市国際交流協会来訪
31　生活一時金3万円支給およびボランティア特別割引宿泊体制終了
4・1　無線ボランティア撤収
4　市民救援基金・小田実氏義援金を持参来訪
6　被災「障害」児・者支援の会雲内教会へ移動

神戸学生・青年センター
センターニュース

KOBE STUDENT YOUTH CENTER NEWS No.28

No.28
発行所　(財)神戸学生・青年センター
理事長　河上民雄
館　長　飛田雄一
〒657 神戸市灘区山田町3丁目1－1
TEL (078)851-2760
FAX (078)821-5878
郵便振替 01160-6-1083
Yamada-cho 3-1-1, Nada-ku
Kobe, 657 Japan

地震後8カ月、センターは元気にやってます

セミナーも再開し、新たに、奨学金、日本語サロンも

神戸学生青年センター館長　飛田　雄一

奨学金制度の発足

地震から8ヵ月が過ぎた。地震直後からスタートした留・就学生支援活動は、4月末に避難していた最後の中国人留学生家族が無事に新居に引っ越しをして終了した。

全壊・半壊の留・就学生への生活一時金の支給は、七六七名、支給総額は二三〇一万円に達した。一時センターの立替金が増大したが、その後も多くの方から募金が寄せられ、4頁の会計報告のように約一三〇〇万円の黒字となった。そのうち一千万円は、コンピュータ会社の日本DECから寄付されたものだ。学生センターではこの黒字分を原資として、来年4月より留学生のための奨学金制度を発足させることになった。(詳細は、本年12月に発表。)

日本語サロンがスタート

学生センターは、留・就学生のためのプログラムを今後も継続したいと思っているが、留・就学生の家族等のためのボランティア日本語講座を開いている松岡静子さんの申し出を受けて、日本語サロンが六月から始まっている。毎週月曜日の午後に会議室Eで開催中。受講およびボランティアの希望者は、センターまでご連絡を！

留学生支援報告集会

安致環コンサート

去る5月26日にはセンターで、震災後被災留学生等の支援に係わった13団体が参加して「報告集会／阪神大震災と留学生・就学生―被災の実態、そして救援のために、何ができ、何ができなかったのか―」を開いた。(資料集B4、18頁があります。希望者は送料とも五〇〇円を切手でセンターまで)

そして8月3日には韓国の人気歌手・安致環のチャリティーコンサートをセンター等が主催して、JR六甲道近くのテアトルラモーで行なった。韓国からの留学生が多く集まり、熱気のある素晴らしいコンサートだった。

お風呂を全面改装

センターの被害は、地震の激震地にあっては被害が軽微で、柱自体には被害はなく、壁の十ヶ所程にヒビが入っている程度だと考えていた。

しかし甘かった。風呂の地下部分が痛んでいた。センターの風呂は、2月4日の水道の復旧以後、地域の避難所等に風呂を開放していたので、重油の大量消費もそのためだと考えていた。しかし、水道局のその後の指摘によって地下部分での水洩れ(お湯洩れ)があったのである。

風呂場の地下をはっての修復工事は不可能との結論に達し、風呂を九五〇万円の予算で全面的に改装することになった。ついでに、これまで一つしかなった風呂を二つにした。工事は8月末に完了した。今はやりの24時間使用可の風呂だ。

今夏は例年の大学生の合宿がほとんどなく、まだ正常営業ではない。でも、ロビー書店も出前も含めてフル運転を始め、センターの目玉のセミナーも再開している。今後も「出会いの場」としての役割を果していきたい。よろしく！

▲安致環コンサート(95.8.3)

■宿泊料　チェックイン　午後6時
(定員46人)　チェックアウト　午前9時

(円、一人につき)

	定員				
会議室　C	16	5～7人 2,400	8～10人 2,200	11～13人 2,100	14～16人 2,000
ベッドルーム(8室)	2	1人 3,000	2人 2,500		
和　室　A	8	2人 3,800	3～4人 3,200	5～6人 2,600	7～8人 2.500
和　室　B / C	3 / 3	1人 3,800	2人 3,200	3人 2,600	

●シーツとまくらカバーをお渡しします。和室にはゆかたを準備しています。その他の部屋でゆかたの必要な方はお申し出下さい(実費200円)。ベッドメーキングは、セルフサービスでお願いします。

■会場使用料　学生料金
(一般料金)

	A.M.9～12	P.M.1～5	P.M.6～10
ホール	4,000 (6,000)	5,000 (7,000)	6,000 (8,000)
スタジオ 会議室A 会議室D	2,500 (3,000)	3,000 (3,500)	3,500 (4,000)
会議室E	2,000 (2,500)	2,500 (3,000)	3,000 (3,500)

●ホール使用に限り土曜日・日曜日・祭日は各2,000円増
●営業目的の会場使用は、5割増となります。
●ピアノ使用は1口1,000円(スタジオ)、2,000(ホール)
但し、ピアノ発表会のときは1日5,000円

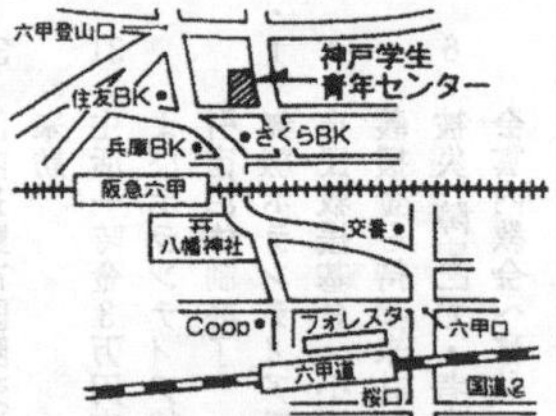

•阪急六甲より徒歩2分
•JR六甲道より徒歩10分
•新幹線新神戸よりタクシー15分

神戸学生・青年センター センターニュース

KOBE STUDENT YOUTH CENTER NEWS No.29

No.29
発行所　(財)神戸学生・青年センター
理事長　河上民雄
館長　飛田雄一
〒657 神戸市灘区山田町3丁目1－1
TEL (078)851-2760
FAX (078)821-5878
郵便振替 01160-6-1083
Yamada-cho 3-1-1, Nada-ku
Kobe, 657 Japan

いよいよ発足「六甲奨学基金」
96年4月からアジアからの留・就学生 5名に毎月5万円の奨学金を支給します

神戸学生青年センター館長　飛田　雄一

「六甲奨学基金」

震災後の被災留学生・就学生の支援活動から「六甲奨学基金」が発足することになった。全国から寄せられた募金の残り(約千三百万円)を原資にアジアからの留・就学生5名に月額5万円の奨学金を支給する。返済の必要はもちろんない。申し込み期間は2月1日～29日、発表は3月20日、大学、学院をとおして申し込むことになっている。困難な勉学を続けている留・就学生の数に比べるとほんのひとしずくだが……。

基金はセンターの理事会の責任において設置され、運営委員会によって運営される。運営委員は、辻建(長)、奥田純子、金子まち子、熊谷一綱、小林致広、佐治孝典、瀬口郁子、前田圭子、保田茂、私の10名。費用は新たな募金と基金からの拠出によってまかなわれる。

交流アイデア募集中

奨学金は予算どおりに推移すれば13年間続けられる計算だ。募金が多く集まれば更に続き、不足すれば×年間ということになる。ご協力を是非よろしくとお願いする次第だ。

奨学金の他にも留・就学生との国際交流プログラムもやっていきたいと考えていて、アイデアを募集中だ。すでに6月から始まっている日本語サロンはワキアイアイのいい雰囲気だ。スキーもいいかな、北アルプスもいいかな、これは飛田の趣味かな……？？

更地にワンルーム!?

もうすぐ阪神淡路大震災から一年になろうとしている。神戸市灘区にあって比較的被害が少ないといわれる学生センター近辺も更地が目立つ。そしてその更地にワンルームマンション等の工事が始まっている。センター北東と南西は工事中だ。

センターは、セミナーも再開し、会館もフル回転、出版部も再建？した。学生の合宿が地震以降少ないが、かわりに復興関係の労働者が泊ってくれて結構賑わっている。

朝鮮語講座、留学生 合同ハイキング 95.11.3

ハワイよりの手紙 MOMOの返事 95.11

日本語サロンの風景 だ～れが生徒か先生か？

ともに暮らすものとして

今回の震災では一方で、日本での外国人の生活の困難さを示した。留・就学生も特有の困難に遭遇した。また治療費や弔慰金で差別される被災外国人がいることに対しては地元NGO外国人救援ネットが行政への働きかけを続けている。被災者に差別があって良いわけはなく、困難な中だからこそ助け合わなければならない。大震災をとおしてますます外国人と隣人として共に暮らすことの大切さを感じている。センターもそのための働きを担っていきたい。

■宿泊料

(定員46人)　チェックイン　午後6時
チェックアウト　午前9時

(円、一人につき)

	定員				
会議室　C	16	5～7人 2,400	8～10人 2,200	11～13人 2,100	14～16人 2,000
ベッドルーム (8室)	2	1人 3,000	2人 2,500		
和室　A	8	2人 3,800	3～4人 3,200	5～6人 2,600	7～8人 2.500
和室　B C	3 3	1人 3,800	2人 3,200	3人 2,600	

●シーツとまくらカバーをお渡しします。和室にはゆかたを準備しています。その他の部屋でゆかたの必要な方はお申し出下さい(実費200円)。ベッドメーキングは、セルフサービスでお願いします。

■会場使用料

学生料金
(一般料金)

	A.M.9～12	P.M.1～5	P.M.6～10
ホール	4,000 (6,000)	5,000 (7,000)	6,000 (8,000)
スタジオ 会議室A 会議室D	2,500 (3,000)	3,000 (3,500)	3,500 (4,000)
会議室E	2,000 (2,500)	2,500 (3,000)	3,000 (3,500)

●ホール使用に限り土曜日・日曜日・祭日は各2,000円増
●営業目的の会場使用は、5割増となります。
●ピアノ使用は1口1,000円(スタジオ)、2,000(ホール)
ピアノ発表会のときは1日5,000円

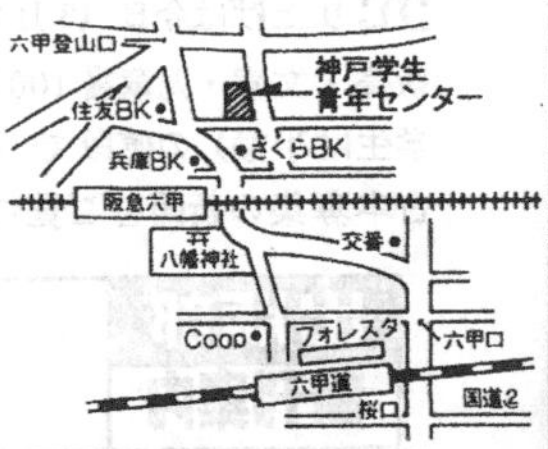

●阪急六甲より徒歩2分
●JR六甲道より徒歩10分
●新幹線新神戸よりタクシー15分

神戸学生・青年センター
センターニュース
KOBE STUDENT YOUTH CENTER NEWS No. 36

No. 36
発行所　(財)神戸学生・青年センター
理事長　河上 民雄
館 長　飛田 雄一
〒657-0064 神戸市灘区山田町3丁目1-1
TEL (078)851-2760 FAX (078)821-5878
Yamada-cho 3-1-1, Nada-ku
Kobe, 657-0064 Japan
E-mail rokko@po.hyogo-iic.ne.jp
URL http://www.hyogo-iic.ne.jp/～rokko

阪神大震災・六甲奨学基金から古本屋へ?!

館長 飛田 雄一

六甲奨学基金の第3期奨学生の選考が終わった。今年も「くじ」による抽選である。くじとは不見識な、という声も聞こえるが、くじなのである。

センターより兵庫県下のすべての大学・短大・日本語学校・専門学校（117校）に要綱を送り、各学校はひとりを推薦することができることになっている。今年の申し込みは21校。その中から、大学・短大より3名、日本語学校・専門学校より2名をくじで選んだ。各学校の先生方の推薦文を読めばみんなを当選にしたいところだがそうはいかない。

奨学基金は震災時の被災留学生・就学生支援活動から生まれた。1300万円の基金をもとに募金を集めながら毎年5名の留学生・就学生に月額5万円（総額300万円）の奨学金をお渡しするものだ。震災後はともかく最近は募金が低調になってきた。そこでロビーで古本屋の開店となった。センター関係者によびかけ本の寄贈を募った。新聞紙上でも取り上げてもらったところ約2万冊の本が集まった。当初、ロビーで机7，8台レベルを考えていたが、とてもとても収まらない。本棚の寄付をうけ、積み上げられるケースを20箱も購入したが、それでも廊下を段ボールが占領している。今年の古本受付は終了。来年3月にまた行います。

売り上げは今日（3月30日）現在で80万円を越えた。新書・文庫・児童書100円、単行本300円（留学生・就学生は半額）の値段でのこの売り上げには驚いている。古本募集の新聞をご覧になった大阪のグラフィックデザイン専門書店から電話が入った。「大学4年生に沢山送られてくる会社案内を最新のデザイン見本として雑誌の付録に利用するので集めてほしい、1冊25円で買い取る」というのだ。神戸大学の学生が毎朝前を通るセンターとしては好条件である。さっそく活動を開始した。大学のボランティア団体、先生方に「落とされた会社の案内もアジア人留学生・就学生奨学金のために持って来てください」というビラを配付している。480人×50冊×25円＝600,000円、つまり480人が各々50冊集めてくてくれれば1名1年間分の奨学金になる、というキャッチフレーズがついている。（2～3万冊を集める予定だが、競合すると困るのでマネをしないようにしてください?）おおいに大学生に期待している。

基金の事業としての日本語サロンは、盛況を極めている。ボランティア教師のための講座も継続している。さらにもうひとつ留学生・就学生のためにやってみたいことがある。「旅行」である。欧米に留学した日本人が最後に世界旅行をして帰ってくることがよくある。逆にアジアから日本にきた留学生はろくに日本旅行もできないでいる。物価、とくに交通費が高すぎるのだ。「1人××万円をプレゼントして北海道・沖縄‥‥に自由に卒業旅行をしてもらおう」というプランである。せっかく日本で勉強しても大学だけでは日本を知ったことにはならないはずだ。こんなことを友人と話していると、「そうだ、自由旅行もいいが、意味あるセンターの企画旅行もいい」という。またぞろ、ツアコン魂がうずいてきている今日このごろである。

著者紹介／飛田雄一（ひだ　ゆういち）

1950年、神戸生まれ。神戸大学農学部修士課程終了。公益財団法人 神戸学生青年センター館長、むくげの会会員。他に、在日朝鮮運動史研究会関西部会代表、強制動員真相究明ネットワーク共同代表、関西学院大学非常勤講師など。著書に『日帝下の朝鮮農民運動』（1991年、未来社）、『朝鮮人・中国人強制連行・強制労働資料集』（金英達と共編、1990年版～94年版、神戸学生青年センター出版部）、『現場を歩く 現場を綴る―日本・コリア・キリスト教―』（2016年、かんよう出版）、『心に刻み、石に刻む―在日コリアンと私』（2016年、三一書房）、『旅行作家な気分―コリア・中国から中央アジアへの旅―』（2017年、合同出版）、『再論 朝鮮人強制連行』（2018年、三一書房）ほか。

阪神淡路大震災、そのとき、外国人は？
２０１９年7月１日発行

著者　飛田雄一

発行　神戸学生青年センター出版部

〒657-0064 神戸市灘区山田町3-1-1
TEL 078-851-2760 FAX 078-821-5878
郵便振替　01160-6-1083 公益財団法人 神戸学生青年センター
e-mail　info@ksyc.jp　HP http://ksyc.jp/

定価　410円＋税（送料164円）
※購入希望者は 574円（送料共）を上記郵便振替で送金ください。82円切手7枚（574円分）でもＯＫです。

ISBN 978-4-906460-50-2 C0036 ¥410E

9784906460502
1920036004102
ISBN 978-4-906460-50-2
C0036 ¥410E 定価410円+税

神戸学生青年センター出版部